Stefan Jung
Gott lieben, loben, feiern

Der Autor

Stefan Jung, Dr. theol., geboren 1962. Studium der Theologie unter anderem an der Freien Theologischen Akademie (FTA) in Gießen und an der Evangelisch-Theologischen Fakultät in Leuven/Belgien. Der Autor ist seit 1998 Pastor der Evangelisch-Freikirchlichen Gemeinde Gundelfingen im Breisgau; einer Freikirche, die in den vergangenen zehn Jahren einen komplexen und rapiden Veränderungsprozess durchgemacht hat, der noch andauert. Stefan Jung ist verheiratet und hat zwei Kinder.

Stefan Jung

Gott lieben, loben, feiern

Anbetung und Lobpreis im Spannungsfeld
von Eventkultur und Tradition

VERLAG BASEL·GIESSEN

Bibliografische Information der Deutschen Bibliothek
Die Deutsche Bibliothek verzeichnet diese Publikation in der Deutschen
Nationalbibliografie; detaillierte bibliografische Daten sind im
Internet über http://dnb.ddb.de abrufbar.

© 2008 by Brunnen Verlag Basel

Umschlag: Waterproof Grafikdesign, Ingo C. Riecker
Fotos Umschlag: (Orgel) mauritius images / 0002344 – Philipp Mansmann
(Gitarre) © 2005, Björn S. Ehlers / photocase.com
Satz: Bertschi & Messmer AG, Basel
Druck: Aalexx, Großburgwedel
Printed in Germany

ISBN 978-3-7655-4043-1

Inhalt

Einführung 7

1. Das Thema Anbetung bei Juden und Christen 11
2. Ein Gang durch die Geschichte der Kirche 31
3. Wie Anbetung mich verändert 49
4. Anbeten heißt: Gott lieben 63
5. Anbetung und Freude 79
6. Anbetung und Feiern 91
7. Anbetung und Stille 101
8. Anbetung und Schönheit 113
9. Anbetung: Leben zur Ehre Gottes 129

Anmerkungen 141

Die Bibelstellen sind, soweit nicht anders angegeben, eigene Übersetzungen bzw. Zusammenstellungen aus verschiedenen Bibelausgaben.

a = Hoffnung für alle
b = Elberfelder
c = Lutherbibel
d = Einheitsübersetzung
e = Gute Nachricht

Einführung

Jeder Mensch, der noch die Fähigkeit zum Staunen besitzt, erlebt Momente, in denen er anbeten will. Wir sind offensichtlich so verdrahtet, dass wir uns intuitiv vor etwas Majestätischem oder etwas Größerem verneigen möchten. In einem Interview des Magazins «Stern» wurde der Oxforder Evolutionsbiologe Richard Dawkins gefragt: «Bei Ihren Versuchen, Religion und Gottesglauben ad absurdum zu führen, bleiben auch bei Ihnen die großen Fragen: Warum leben wir? Warum sterben wir? Welchen Sinn hat unsere Existenz?» Darauf entgegnet Dawkins: «Den Versuch der Religion, ein tieferes Verständnis des Lebens zu finden, habe ich immer respektiert. Auch ich reagiere quasi religiös, wenn ich zu den Sternen aufsehe, zur Milchstraße, und mir das Universum vorzustellen versuche. Das Gefühl, das ich dann empfinde, könnte man fast so etwas wie Anbetung nennen.»[1]

Ist es nicht interessant, dass ein Atheist, der den Gottesglauben der Christen für eine Wahnvorstellung hält, trotzdem in bestimmten Momenten ein Gefühl wahrnimmt, das er mit «fast so etwas wie Anbetung» beschreibt?

Anbetung ist ein zentrales Thema unseres Lebens. Denn im Grunde geht es ständig um die Frage: Wer hat die Macht in der Welt? Wer hat die Macht im Volk Gottes und auch in unserem Leben? Wem gehört mein Herz? Wem gehört die Herrschaft? Wer oder was dominiert? Wer ist Herr? Vor wem beuge ich mich? Wen bete ich an? Was wir anbeten, wird zur Hauptmotivation in unserem Leben. Wir werden auch dem ähnlicher, was wir anbeten.

Solange wir auf dieser Erde sind, bleibt das eine heiß umkämpfte Frage: Wen oder was bete ich an? Solange wir als Kinder Gottes mittendrin sind in Anfechtungen, Verführung, Streitigkeiten und Abhängigkeiten, so lange sind wir versucht, das Falsche anzubeten! Denn Satan kann auch zu *uns* sprechen (Matthäus 4,9): «Das alles gebe ich dir, wenn du vor mir niederfällst und mich anbetest.» Tag für Tag versuchen Dinge, Menschen und Mächte, Macht in unserem Leben zu bekommen und mehr Platz und Gewicht einzunehmen, als ihnen zusteht. Wer Gott anbetet, der muss (wie Jesus damals in der Wüste) dem Satan eine klare Absage erteilen (Matthäus 4,10[a]): «Weg mit dir, Satan, denn es steht in der Heiligen Schrift: Bete allein Gott, deinen Herrn, an und diene nur ihm!» Unsere Anbetung ist also offenbar nur gesichert, wenn wir uns auf das stützen, was im Wort Gottes geschrieben steht.

Gott allein anbeten, das wollen wir von ganzem Herzen. Doch genau das ist nicht einfach im Spannungsfeld von Eventkultur und Tradition. Und doch möchten wir Gott anbeten mit Worten, die unserer Sprache entsprechen, und vor allem mit Musik, die unserem Lebensgefühl entspricht und die uns in der Tiefe berührt. Mit Melodien, die ausdrücken, was uns das Wichtigste ist. Denn die ganze Welt ist voller Musik. Ein feinfühliger Mensch hört die Musik im Rauschen der Baumwipfel ebenso wie in den Wellen am Meeresstrand. Ihn inspiriert das Zwitschern der Vögel genauso wie das Schnattern der Gänse.

Als Gott unser Universum schuf, am Anfang, da «sangen alle Morgensterne und die Engel jubelten vor Freude» (Hiob 38,7[a]). Und am Ende, das ja gar keins ist, werden alle Erlösten Gott preisen mit einem neuen Lied (Offenbarung 5,9[a]): «Und alle sangen ein neues Lied: ‹Du allein bist würdig, das Buch zu nehmen, nur du darfst seine Siegel brechen. Denn du bist als Opfer geschlachtet worden, und mit deinem Blut hast du Menschen für Gott freigekauft; Menschen aller Stämme und Sprachen, aus allen Völkern und Nationen.›» Doch bis wir mit allen Erlösten dieses neue Lied singen, werden wir selbst bestimmt noch etliche neue Lieder komponieren und singen, um unseren großen und herrlichen Gott mit unserem Leben und in unseren Gottesdiensten angemessen und authentisch anzubeten.

Einführung

Nur, wie sollen diese neuen Lieder sich anhören? Was ist da angemessen? In den Gemeinden herrscht darüber eine nicht zu übersehende Unsicherheit, manchmal sogar ein Richtungsstreit, der in Lager spaltet. Die Gottesdienstkultur erlebt vielerorts einen dramatischen Umbruch. Postmoderne Menschen und solche, die sich von der Postmoderne schon enttäuscht abgewendet haben, bringen ihre Kultur, ihre Werte und ihr Lebensgefühl mit. Das betrifft natürlich auch den musikalischen Bereich, weil sich gerade hier die Sehnsucht nach erfahrbarer Nähe ausdrückt, in Worte kleidet und im gemeinsamen Lobpreis verfestigt.

In der folgenden Anekdote wird deutlich, was ich mit dem «Umbruch» meine, denn sie thematisiert den Unterschied zwischen einem Lobpreis-Chorus und einem Lied aus dem Gesangbuch sehr humorvoll.

Es wird erzählt, dass ein alter Bauer übers Wochenende in die Großstadt fuhr. Dort besuchte er eine große Gemeinde. Als er nach Hause kam, fragte seine Frau, wie es gewesen sei. «Nun», meinte der Bauer, «es war in Ordnung. Man macht dort aber etwas Neues. Man singt Lobpreis-Chorusse statt Lieder.» – «Lobpreis-Chorusse?» – «Ja. Sie sind ähnlich wie Lieder, aber anders.» – «Was ist denn der Unterschied?»

Der Bauer sagte: «Es ist so. Wenn ich dir sagen würde: ‹Martha, die Kühe sind im Maisfeld›, das wäre ein normales Lied. Aber wenn ich dir sagen würde: ‹Martha, Martha, Martha, o Martha, MARTHA, MARTHA, MARTHA, die Kühe, die großen Kühe, die braunen Kühe, die schwarzen Kühe, die weißen Kühe, die schwarzweißen Kühe, die KÜHE, KÜHE, KÜHE sind im Maisfeld, sind im Maisfeld, sind im Maisfeld!›, das wäre ein Lobpreis-Chorus.»[2]

Es hat sich einiges verändert. Wenn alte Muster ausgemustert werden und mit viel Liebe gehegte Traditionen nicht mehr tradiert werden, dann braucht es neue Wege, um Gottes ewige Wahrheiten relevant auszusagen und hinauszusingen. Die Freiheit dazu haben wir, davon bin ich überzeugt.

Doch was viele für Anbetung und Lobpreis halten, ist

manchmal kaum mehr als eine bestimmte Zeit im Gottesdienst, in der mehrere Lieder nacheinander gesungen werden. Doch das ist eine unerlaubte Reduktion. Anbetung ist mehr. Viel mehr! «Anbetung ist keine Veranstaltungsform, sondern ein Prozess, der sich durch Beziehungen, Vertrauen und Vorleben vollzieht.»[3]

Darum will ich Sie in diesem Buch mit auf eine Reise nehmen. Wir gehen durch das Alte und das Neue Testament (AT und NT), und ich beschreibe kompakt, was dort zum Thema Musik und Lobpreis gesagt wird. An etlichen Stationen und epochalen Umbrüchen, die sich in der Geschichte der Kirche auf die Musik und das Singen im Gottesdienst ausgewirkt haben, werden wir Halt machen. Es ist interessant, manchmal auch beschämend, zu welchen Verdächtigungen, Einseitigkeiten und zum Teil kuriosen Verboten von Instrumenten oder Musikstilen es in der Kirche schon gekommen ist.

Doch wie jede Reise, so eröffnet auch diese neue Eindrücke und Einsichten. Wir spüren: Was lange zurückliegt – im AT oder in der Geschichte der Kirche –, kann plötzlich wieder sehr aktuell sein. Und darum sollen diese Einsichten auf unser eigenes Leben hin reflektiert werden. Wie können wir Anbetung im Alltag ausdrücken? Und wie verändert der Lobpreis mich selbst? Dabei sollen bestimmte Links wie «Gott lieben», «Freude», «Feiern», «Stille» und «Ehre Gottes» zeigen, dass das Thema Anbetung und Lobpreis das Zentrum christlicher Frömmigkeit und Spiritualität berührt. Und nicht zuletzt wird deutlich, wie farbig Gottes Wort unsere Anbetung werden lässt.

Kapitel 1

Das Thema Anbetung bei Juden und Christen

Eine Reise durchs Alte und Neue Testament

«Durch die Nacht und das dichteste Geäst ...»

Für mich sind eine ganze Reihe von Liedern und Texten der Popgruppe «Söhne Mannheims» beeindruckend. Zeigen sie doch zum einen, dass man nicht in Englisch singen muss, um im deutschen Sprachraum Gehör zu finden. Zum anderen verleihen sie dem Glauben an Gott nicht nur auf ihre Art Sprache, sondern sie geben dem Glauben ein Rückgrat. Die Truppe mit ihrem ehemaligen Frontmann Xavier Naidoo hat inzwischen etliche Lieder zum Lob Gottes in der medialen Alltagswelt etabliert und damit deutlich votiert: Gott ist der Rede und des Lobes wert.

Einer ihrer Songs lautet: «Und wenn ein Lied meine Lippen verlässt, dann nur damit du Liebe empfängst durch die Nacht und das dichteste Geäst, damit du keine Ängste mehr kennst.» In diesem Lied beschreibt der Sänger Xavier Naidoo, was ein geistliches Lied anstoßen kann: «Es entsteht Gemeinschaft. Menschen empfangen Liebe und werden fähig, Liebe zu geben, weil der, von dem sie singen, selbst die Liebe ist.»[4]

Wenn wir (nicht gedankenlos) ein Loblied singen, tauchen wir, ob alleine oder als singende Gemeinde, in den Raum der Gegenwart Gottes ein. Auch «durch unsere Nacht und unser dichtestes Geäst» hindurch kann ein Lied zum Lob Gottes Licht und Entwirrung bringen. Manchmal verfliegen unsere Ängste, dann und wann löst sich unsere Verkrampfung, und wir empfinden Freude und Dankbarkeit und ehren Gott aus ehrlichem Herzen.

Wann entsteht Anbetung?

Eine der für mich faszinierendsten Geschichten in den Evangelien erzählt Johannes: die Heilung eines Mannes, der von Geburt an blind war (Kapitel 9). Warum mich diese Geschichte fasziniert? Weil wir an ihr so schön studieren können, wie wir Menschen sind und wie schroff auch fromme Menschen reagieren können, wenn sie in ihrer Welt, ihren Traditionen, ihren Paradigmen und Überzeugungen gestört und irritiert werden. Das trifft beim Thema Anbetung und Lobpreis auch besonders zu. Viele fühlen sich in ihren Traditionen und Überzeugungen gestört. Was mich ganz besonders anrührt, ist das Ende der Geschichte. Denn das hat zutiefst mit unserem ganzen Thema «Lobpreis und Anbetung» zu tun. Johannes berichtet (9,24–41^d):

24 Da riefen die Pharisäer den Mann, der blind gewesen war, zum zweiten Mal und sagten zu ihm: Gib Gott die Ehre! Wir wissen, dass dieser Mensch ein Sünder ist. 25 Er antwortete: Ob er ein Sünder ist, weiß ich nicht. Nur das eine weiß ich, dass ich blind war und jetzt sehen kann. 26 Sie fragten ihn: Was hat er mit dir gemacht? Wie hat er deine Augen geöffnet? 27 Er antwortete ihnen: Ich habe es euch bereits gesagt, aber ihr habt nicht gehört. Warum wollt ihr es noch einmal hören? Wollt auch ihr seine Jünger werden? 28 Da beschimpften sie ihn: Du bist ein Jünger dieses Menschen; wir aber sind Jünger des Mose. 29 Wir wissen, dass zu Mose Gott gesprochen hat; aber von dem da wissen wir nicht, woher er kommt. 30 Der Mann antwortete ihnen: Darin liegt ja das Erstaunliche, dass ihr nicht wisst, woher er kommt; dabei hat er doch meine Augen geöffnet. 31 Wir wissen, dass Gott einen Sünder nicht erhört; wer aber Gott fürchtet und seinen Willen tut, den erhört er. 32 Noch nie hat man gehört, dass jemand die Augen eines Blindgeborenen geöffnet hat. 33 Wenn dieser Mensch nicht von Gott wäre, dann hätte er gewiss nichts ausrichten können. 34 Sie entgegneten ihm: Du bist ganz und gar in Sünden geboren und du willst uns belehren? Und sie stießen ihn hinaus. 35 Jesus hörte, dass sie ihn hinausgestoßen hatten, und als er ihn traf, sagte er zu ihm: Glaubst du an den Menschensohn? 36 Der Mann antwortete: Wer ist das, Herr? (Sag es mir,) damit ich an ihn glaube. 37 Jesus sagte zu ihm: Du siehst ihn vor dir; er, der mit dir redet, ist

Kapitel 1 · Das Thema Anbetung bei Juden und Christen

es. 38 Er aber sagte: Ich glaube, Herr! Und er warf sich vor ihm nieder. 39 Da sprach Jesus: Um zu richten, bin ich in diese Welt gekommen: damit die Blinden sehend und die Sehenden blind werden. 40 Einige Pharisäer, die bei ihm waren, hörten dies. Und sie fragten ihn: Sind etwa auch wir blind? 41 Jesus antwortete ihnen: Wenn ihr blind wärt, hättet ihr keine Sünde. Jetzt aber sagt ihr: Wir sehen. Darum bleibt eure Sünde.

Hier ist ein Mensch berührt und überwältigt von dem, was Gott gerade in seinem Leben gewirkt hat. Er erkennt durch dieses Handeln, dass Jesus der Sohn Gottes ist. Was ist seine Reaktion? Er sagt (Vers 38): «Ich glaube, Herr.» Und er warf sich vor ihm [Jesus] nieder.

Ein Mensch vertraut und betet an. Aus seinem Herzen steigen Empfindungen der Bewunderung empor, die Gott erfreuen. Und ich frage (nicht nur) mich: Warum kommt es so selten zu solchen Momenten der Anbetung in unserem Leben? Wo sind die spontanen Augenblicke der Anbetung in unserer Gemeinde? Wann sind wir so von Gottes Gnade und seiner Heiligkeit überwältigt, dass wir keine Worte finden, aber unser Herz von der Größe, Gnade und Liebe unseres Herrn erfüllt ist?

Ich entnehme dieser Geschichte die Antwort, die ich aber bewusst als Frage formuliere, um niemandem etwas zu unterstellen: Könnte es sein, dass uns persönliche Erfahrungen mit dem lebendigen Gott fehlen? Fehlen uns solche «Ich war blind und jetzt sehe ich»-Erfahrungen? Erfahrungen, in denen aus Licht Finsternis wurde? Einsichten, durch die wir eine neue Perspektive gewinnen durften? Ereignisse, durch die Jesus uns anrührt und heilt? Erlebnisse, in denen alte Muster beendet werden und etwas Neues hervorbricht?

Jeder kann diese Fragen nur für sich beantworten. Ich sehe aber – eben auch aus dieser Geschichte –, dass Anbetung und *Gott die Ehre geben* (was die Pharisäer ja in Vers 24 fordern: «Gib Gott die Ehre!») zuallererst und ganz natürlich, also wie von selbst, aus heilsamen Begegnungen mit Jesus fließt. Solche Begegnungen mit Jesus bewahren uns davor, dass es uns geht wie den Pharisäern, die vor lauter Religiosität mit Bitterkeit und Ablehnung auf das geschehene Wunder reagierten.

Anbetung ist nicht machbar, nicht planbar und auch nicht inszenierbar! Anbetung wird auch nicht von der Bühne eingefordert, sondern von der gesamten Gemeinde gestaltet. Und sie entsteht ganz nebenbei in unserem Leben, wo wir Jesus als denjenigen erfahren, der Licht und Hoffnung in unsere Dunkelheit bringt; der eine sichtbare Veränderung schafft und mich heilt. Authentischer Lobpreis entsteht da, wo wir eine tiefe und verändernde Begegnung mit Jesus haben. Vielleicht entsteht so ein Moment der Anbetung in uns, während wir in der Bibel lesen oder Gott in einem Gottesdienst feiern; ein Augenblick, in dem wir sagen: «Jesus, ich danke dir, dass du auch mich sehend gemacht hast. Ich gebe dir die Ehre!» Anbetung ist ein lebendiger Dialog zwischen mir und Jesus.

Keine Form, sondern eine Herzensangelegenheit

Klaus Douglass formuliert: «Lebendiger Lobpreis entsteht im Herzen der Gläubigen und nicht im Gottesdienst.»[5] Interessant ist die Formulierung «lebendiger Lobpreis». Offensichtlich meint der Autor, dass es auch *toten* Lobpreis geben kann. Auch das Prophetenwort (Amos 5,23[d]): «Tu weg von mir das Geplärr deiner Lieder; denn ich mag dein Harfenspiel nicht hören», legt einen solchen Schluss zumindest nahe.

Gerhard Tersteegen hat in dem Lied «Gott ist gegenwärtig, lasset uns anbeten» gedichtet: «Komm, du nahes Wesen, dich in mir verkläre, dass ich dich stets lieb und ehre. Wo ich geh, sitz und steh, lass mich dich erblicken und vor dir mich bücken.»[6] Tief und innig sind diese Worte – oder wie würden *wir* das formulieren? Zugegeben, es ist nicht mehr ganz unsere Sprache, aber diese Worte beschreiben das Wesen von Anbetung. Das im NT gebrauchte Wort für Anbetung προσκυνέω[7]

Kapitel 1 · Das Thema Anbetung bei Juden und Christen

(proskuneō) meint: sich niederwerfen und verbeugen. Darin steckt der Gedanke von Unterwerfung und tiefer Ehrfurcht.

Wir reden heute lieber von worship. Aber das englische Wort «worship», das eine Kurzform des angelsächsischen «worth-ship» ist, bedeutet nichts anderes als «einer Sache Wert zumessen». In der hebräischen Bibel steht das Wort «hishahawah», das wörtlich «sich tief beugen» bedeutet. Dahinter verbirgt sich der Gedanke, dass man sich in der heiligen Gegenwart Gottes tief hinabbückt.[8]

Gerhard Tersteegen (1697–1769) bringt also in seinem Lied «Gott ist gegenwärtig, lasset uns anbeten» gut rüber, was Anbetung meint: «in Ehrfurcht vor ihn treten ... und sich innigst vor ihm beuge(n)».[9]

Wenn wir das tun, dann macht das etwas mit uns. Und wenn wir das mit einem Lied tun, dann passiert eigentlich genau das, was Xavier Naidoo so beschreibt: «Und wenn ein Lied meine Lippen verlässt, dann nur damit du Liebe empfängst.»

Eins ist klar: Gott möchte, dass wir ihn anbeten. Dass wir das gerne und freiwillig tun. Wir wurden geschaffen und existieren zum Lob Gottes. Darum haben wir auch eine Sehnsucht danach, Gott anzubeten. Spüren wir diese Sehnsucht in unserem Herzen? Musik und Lobpreis können diese Sehnsucht neu wecken. Nur: Wie beten wir Gott an? Anbetung ist keine Einbahnstraße. Es gibt viele Wege, die uns in die Anbetung führen können.

Die Art, wie wir das tun möchten, hängt sehr stark von unserer kulturellen Prägung und unserer religiösen Sozialisation ab. Wenn wir vor 1970 geboren sind, dann gehören wir vermutlich zu denen, die alles ordnen und systematisieren, weil unser Verstand logisch und linear arbeitet. Dann mögen wir es in der Regel lieber, dazusitzen und zuzuhören. Wir bevorzugen das frontale Design eines Gottesdienstes, weil das «Verstehen» gegenüber dem «Erfahren» Priorität hat. Und ich möchte uns damit gar nicht zu Konsumenten abstempeln, die einfach nur dasitzen und konsumieren. Und trotzdem gilt offenbar: lieber konsumieren als ausprobieren. Ich denke aber doch, dass wir nicht nur zu einem Gottesdienst kommen, um zu konsumieren, sondern dass wir eingebunden sein wollen in den Gottesdienst; dass wir nicht nur Beobachter sein wollen, sondern im wahrsten Sinne des Wortes «teilnehmen» möchten.

Wenn wir zu den nach 1970 Geborenen gehören, sehnen wir uns vermutlich in einem Gottesdienst eher danach, nicht nur etwas über Gott zu hören – ach, wir haben ja auch schon so viel gehört! –, sondern wir möchten vor allem Gott erfahren. Dabei soll nicht alles frontal ausgerichtet sein, sondern der Gottesdienst darf gerne zentral und mich integrierend aufgebaut sein. Wir wollen partizipieren. Wir möchten in eine Atmosphäre eintauchen, die uns hilft, den Alltag hinter uns zu lassen und Gott anzubeten.

Beides ist nach meiner Einschätzung wichtig und unverzichtbar. Denn beides, auf Gott hören und ihn als den lebendigen Gott erfahren, hilft uns, ihn anzubeten! Im Grunde sind die unterschiedlichen Arten, wie wir anbeten möchten, deutlich stärker biografisch als theologisch bestimmt.

Wenn Menschen Gott angebetet haben, dann hatte das meistens einen sehr konkreten Anlass. Und diese Anbetung mündete sehr oft in Musik und Gesang. Warum? Weil Singen neben der Liturgie die einzige Form ist, in der eine große Gruppe von Menschen im selben Moment dasselbe Gebet zu Gott bringen oder gemeinsam ein Empfinden ausdrücken oder ein Bekenntnis proklamieren kann.

Streiflichter aus dem Alten Testament

Als die Elite-Soldaten des Pharao in den zurückflutenden Wassermassen des Schilfmeeres versanken und die Israeliten realisierten, dass sie jetzt tatsächlich der Sklaverei entflohen waren, da sangen sie mit Mose ein Lied (2. Mose 15,1–19^b). Und das beginnt so: «Ich will dem Herrn singen, denn hoch

Kapitel 1 · Das Thema Anbetung bei Juden und Christen

und erhaben ist er, das Ross und seinen Reiter hat er ins Meer gestürzt.»

Dies ist das allererste Lied in der Bibel. Es ist ein Lobpreislied, ein Lied der Anbetung, und es ist der erste biblische Beleg dafür, dass die Anbetung Gottes von Anfang an auch mit Liedern und Musik ausgedrückt wurde. Und schon hier wird deutlich: Anbetung ist immer ein Reflex, eine persönliche Antwort des Menschen auf die großen Taten Gottes.

Während der Zeit der Richter, als Israel unter den plündernden Kanaanitern zu leiden hatte, gebrauchte Gott zwei Frauen, Jaël, die Frau des Keniters Heber, und Debora, die gesalbte Richterin Israels, um Israel zu erretten (Richter 4). Damals sangen Debora und der Heerführer Barak ein Lied. In diesem Lied feierten sie die Niederlage Siseras und das Ende der Unterdrückung durch Jabin. Und das beginnt so (Richter 5,2–3ª): «Preist den Herrn für Israels Helden, die ihre Stärke bewiesen, und für das Volk, das freiwillig kämpfte! Hört her, ihr Könige, gebt Acht, ihr Herrscher: Für den Herrn will ich singen, ja, singen und musizieren will ich für den Herrn, den Gott Israels!» – Nach diesem Triumph herrschte vierzig Jahre lang Frieden im Land.

Werfen wir einen Blick auf die Gottesdienste im alten Israel. Der zentrale Kern dieser Feiern waren die Opfer. Das Anrufen Gottes war elementar mit einer Opferhandlung verbunden. Dazu gehörten auch liturgische Grundelemente wie Gebete, Bekenntnisse und der Segen durch den Priester. Außer dem Blasen von Trompeten oder des Schofars bei besonderen Anlässen war Musik in der sinaitischen Gottesdienstordnung nicht vorgesehen.[10]

Doch in der frühen Königszeit finden sich bei großen Gottesdiensten Belege dafür, dass Gott durch Musik und Gesang gelobt werden sollte. In den Chroniken (1. Chr. 23,5; 25,6–7; 2. Chr. 5,12f.) werden 4000 Instrumente spielende Leviten und 288 ausgebildete Sänger erwähnt, die angestellt waren, um Gott zu loben.[11] In 1. Chronik 25,1ff. wird klar gesagt, dass Gott mit Liedern und Gesang gelobt werden sollte. «David wählte zusammen mit den Heerführern die Familien Asafs, Hemans und Jedutuns für einen besonderen Dienst aus: Sie sollten mit ihren Liedern die Botschaften Gottes verkündigen, den Herrn loben und den Gesang mit Lauten, Harfen und Zimbeln begleiten.»[a] Mit rotem Stift schrieb Johann Sebastian Bach in seiner mehrbändigen Calov-Bibelausgabe dazu: «Dieses Kapitel ist das rechte Fundament aller gottgewollten Kirchenmusik.»[12]

Chöre und Lieder gehörten zu feierlichen Gottesdiensten offensichtlich dazu. Darüber hinaus wird von über hundert Priestern berichtet, die ihren Dienst an einem Instrument versahen. Allein diese Größenordnungen belegen eindrücklich, dass Gottes Wort dem Lobpreis eine Vorzugsstellung einräumt. Und wie bereits erwähnt (2. Mose 15,1–19; Richter 5,2–3), gab es auch in der vorköniglichen Epoche Psalmen und Musik, insbesondere bei Siegesfeiern.

Zwei Psalmen möchte ich jetzt exemplarisch herausgreifen, weil sie viele gute Impulse zum Thema «Lob Gottes» geben: Psalm 98 und 150.

Psalm 98 [d]

[Ein Psalm.] Singet dem Herrn ein neues Lied; denn er hat wunderbare Taten vollbracht. Er hat mit seiner Rechten geholfen und mit seinem heiligen Arm.
Der Herr hat sein Heil bekannt gemacht und sein gerechtes Wirken enthüllt vor den Augen der Völker.
Er dachte an seine Huld und an seine Treue zum Hause Israel. Alle Enden der Erde sahen das Heil unsres Gottes.
Jauchzt vor dem Herrn, alle Länder der Erde, freut euch, jubelt und singt!
Spielt dem Herrn auf der Harfe, auf der Harfe zu lautem Gesang!
Zum Schall der Trompeten und Hörner jauchzt vor dem Herrn, dem König!

Es brause das Meer und alles, was es erfüllt, der Erdkreis und seine Bewohner.
In die Hände klatschen sollen die Ströme, die Berge sollen jubeln im Chor
vor dem Herrn, wenn er kommt, um die Erde zu richten. Er richtet den Erdkreis gerecht, die Nationen so, wie es recht ist.

Psalm 150[d]
Halleluja! Lobt Gott in seinem Heiligtum, lobt ihn in seiner mächtigen Feste!
Lobt ihn für seine großen Taten, lobt ihn in seiner gewaltigen Größe!
Lobt ihn mit dem Schall der Hörner, lobt ihn mit Harfe und Zither!
Lobt ihn mit Pauken und Tanz, lobt ihn mit Flöten und Saitenspiel!
Lobt ihn mit hellen Zimbeln, lobt ihn mit klingenden Zimbeln!
Alles, was atmet, lobe den Herrn! Halleluja!

Mich haben beide Psalmen beeindruckt. Diese Lieder sind durchdrungen von einer tiefen Gewissheit, dass es nichts Besseres gibt, was man tun kann, als Gott zu loben. Sie versprühen Freude, Leichtigkeit und Jubel. Dabei kommunizieren sie gleichzeitig etwas von der Heiligkeit unseres Gottes. Sie unterstreichen die Überschrift, unter der die Sammlung der inspirierten hebräischen Gebete und Lieder steht: «Buch des Lobpreises».

Dietrich Bonhoeffer hat einmal bemerkt, dass die Psalmen Gottes Sprachkurs seien. Christen könnten die Sprache der Anbetung mit ihren Bildern und Geschichten von den Psalmen lernen, so wie Kinder ihre Muttersprache von den Eltern lernen. Die Psalmen stellen uns ausdrucksstarke Worte und Bilder zur Verfügung.

Psalm 98 ermutigt uns, dem Herrn zu singen, und zwar ein *neues* Lied zu singen. Im Sinne von: «Stell die alte Leier ab!» Eine Aufforderung, die sich fünf Mal in den Psalmen findet. Und wir dürfen das neue Lied hier schon einüben. Denn in Offenbarung 5,9 heißt es: «Und sie singen ein neues Lied und sagen: Du bist würdig, das Buch zu nehmen und seine Siegel zu öffnen; denn du bist geschlachtet worden und hast durch dein Blut für Gott erkauft aus jedem Stamm und jeder Sprache und jedem Volk und jeder Nation.»

Nicht abgeklärt und überlegt muss unser Lobpreis sein, sondern wenn wir diese Psalmen lesen, dann spüren wir, dass die Psalmtexter Gott mit überschwänglichen Gefühlen lobten. Vermutlich hatten ihre Anbetungsgottesdienste mehr Ähnlichkeit mit heutigen Praise-Partys als mit «anständigen» Symphoniekonzerten.

Die alten Hebräer waren eben keine «stillen Pietisten», die zum Verinnerlichen neigten und bei der Begegnung mit Schönem gleich in eine innere Betrachtung versanken. Sie brachen eher in spontanen Lobpreis aus und dichteten vielleicht einen Text. Manchmal kribbelte es ihnen in den Fingern, sie griffen zur Harfe und zum Horn; ihre Stimmen sehnten sich nach einer Melodie. Schön und erhaben sind ihre Formulierungen. In Psalm 98 stimmt selbst die Natur mit ein: «Die Ströme sollen in die Hände klatschen und alle Berge sollen jubeln.» Psalm 96 steigert das Ganze noch und formuliert: «Es frohlocke das Feld und alles, was darauf ist! Auch alle Bäume im Wald sollen jubeln vor dem Herrn!»

Und noch eins: Psalm 98 spannt einen weiten Bogen. Hier wird nicht nur der Gott gepriesen, der Wunder tut und sein Heil und seine Gerechtigkeit kundgetan hat. Nein, hier wird auch – fast gleichlautend mit Psalm 96 – der Gott gelobt, der kommt; der kommt, um diese Erde zu richten. Auch diesen Horizont sollte unser Lobpreis haben: Wir loben den kommenden Richter, der zurechtbringt und geradebiegt, was unrecht und verbogen ist.

Am Ende steht das Lob

Psalm 150 ist der Schlusspunkt des ganzen Psalmbuches. Das Ausrufezeichen! Hier wird's am Ende noch einmal deutlich, nachdem von Wundern der Schöpfung berichtet wurde («Die Himmel erzählen die Ehre Gottes», Psalm 19,2ᵈ), von der Geschichte Gottes mit seinem Volk («Als Israel aus Ägypten zog», Psalm 114,1ᵇ), von großen Nöten («Gott ist unsere Zuversicht und Stärke, eine Hilfe in den großen Nöten, die uns getroffen haben», Psalm 46,2ᵈ), von Ängsten («Du lässest mich erfahren viele und große Angst», Psalm 71,20ᵈ), von Rache («Gott der Rache, Herr, Gott der Rache, strahle hervor!» Psalm 94,1ᵇ) und von Klage («Ich habe mich müde geschrien, mein Hals ist heiser. Meine Augen sind trübe geworden, weil ich so lange harren muss auf meinen Gott», Psalm 69,4ᵈ).

Nachdem also über all das gesprochen, gesungen und geweint wurde, bleibt der Schlussakkord nicht aus. Es ist das Lob unseres herrlichen Gottes. Am Ende steht nicht die Klage, nicht die Not, nicht die Auseinandersetzung, sondern das Lob Gottes! «Alles, was Atem hat, lobe Jahwe. Halleluja!», so lautet der letzte Satz der Psalmen. Ja, die Psalmen sind «Spiritualität in jeder Tonart», so hat es Philip Yancey einmal ausgedrückt.[13] Aber der Schlussakkord ist ein einziger Lobpreis.

Was wird am Ende unseres Lebens stehen? Welchen Ausklang wird mein Ende haben? Was wird unser Schlussakkord sein? Auseinandersetzungen, Klage, Bitterkeit – oder das Lob? Was steht am Ende unseres Tages, einer arbeitsreichen Woche, am Ende eines Lebensjahres? Die alte Leier in Moll? Probieren wir es mit dem neuen Lied und dem Lob Gottes. Setzen wir doch ganz bewusst diesen Schlussakkord!

Lob Gottes wird sichtbar und hörbar

Lobpreis ist ein Ausdruck der Freude in Gesang und Sprache, eine «hörbare innere Gesundheit», so hat es C. S. Lewis einmal formuliert.[14] In Psalm 98,4 heißt es: «Jauchzt dem Herrn, alle

Welt! Seid fröhlich und jauchzt und spielt!»[b] Lobpreis hat den ganz natürlichen Effekt, Freude mit anderen zu teilen. So wie begeisterte Sportfans, Kriegsveteranen oder alte Klassenkameraden nie müde werden, immer die gleichen alten Erlebnisse zu erzählen. Genauso bringt der Lobpreis immer wieder die herrlichen Taten Gottes zur Sprache.

Sein Heil, seine Gerechtigkeit, seine Gnade, seine Treue werden in Psalm 98,2–3 aufgezählt. Und in der Tat, das sind unsere Themen, wenn wir Gott loben. Oder in Psalm 150,2 heißt es: «Lobt ihn wegen seiner Machttaten!»[b] Die Wunder, die Gott getan hat und tut, bringen eben das neue Lied in uns zum Klingen.

Lob Gottes begeistert und steckt an

Wenn ich von etwas begeistert bin, dann drückt sich das aus. Etwas *Ein*drückliches muss sich auch *aus*drücken. Und das nicht nur in Worten, sondern gerade auch im Gesang und in Bewegung. Dann werden Worte zu Musik!

Zum Beispiel beim Fußball: «Ah ... oh – Tor!!!»

Wenn etwas gut schmeckt: «Mmh..., leckerleckerlecker ...»

Da ist Musik, da ist Rhythmus, da ist Takt, da ist Bewegung. Da werden die Arme hochgerissen, da wird der Freude und Begeisterung *Aus*druck verliehen. Da macht einer Freudensprünge, oder er fängt an zu tanzen – einen Freudentanz!

Acht Instrumente werden in Psalm 150 aufgezählt und vier in Psalm 98. Harfe, Zither, Tamburin, Reigen, Saitenspiel, Flöte, Becken und Posaune. Im Lobpreis Israels werden immer wieder Musik, Instrumente und Gesang erwähnt. Zimbeln, Tamburine, Blas-, Saiten-, Schlag- und Schüttelinstrumente werden genannt. Ein komplettes Orchester. Daran können wir sehen, dass die musikalische Begleitung im großen Umfang üblich gewesen ist.

Zudem weisen viele Bemerkungen in den Überschriften der Psalmen auf die Musik hin. Eins ist klar: Das letzte Lied im Buch der Psalmen präsentiert volle Freiheit im Ausdruck. Es gibt *keine ausschließlich richtige* Form. Stille und ernste Anbetung kann so richtig sein wie Begeisterung und Tanz. Begegnung mit Gott kann über alle fünf Sinne geschehen, und jeder darf seinen Eindrücken auf individuelle Art und Weise Ausdruck geben.

Streiflichter aus dem Neuen Testament

Auch im NT wird dem Lob Gottes eine breite Basis gegeben. Jesus hat mit seinen Jüngern gesungen. Davon lesen wir in Matthäus 26,30. Nachdem Jesus mit seinen Jüngern das Passahmahl gefeiert hatte, heißt es: «Nach dem Lobgesang gingen sie zum Ölberg hinaus!» Dieser Lobgesang war kein kurzer Schlusssegen, sondern er bestand entweder aus den vier Liedern aus den Psalmen 115–118 oder aus einer Auswahl der Psalmen 113–118, dem sogenannten «großen Hallel». Wenn wir das einmal anschauen, dann sehen wir, dass dies eine Menge an Text ist. Aber diese Textfülle wurde singend verinnerlicht.

Eine der Kernstellen im NT ist für mich Kolosser 3,16: «Lasst das Wort des Christus reichlich in euch wohnen, in aller Weisheit lehrt und ermahnt euch gegenseitig mit Psalmen, Lobliedern und geistlichen Liedern, singt Gott in euren Herzen in Gnade.»

Aus dieser Aufforderung des Paulus geht klar hervor, dass es unterschiedliche Arten von Liedern im Gottesdienst gab. Neben den biblischen Psalmen[15] wird es auch neue christliche Lieder gegeben haben, wie etwa Philipper 2,6–11, Kolosser 1,15–20, 1. Timotheus 3,16 und Johannes 1,1–18, die das «Wort Christi», das heißt also vor allem Zentrales über Jesus Christus, ausgesagt haben. «Obwohl jeweils nicht sicher ist, ob diese hymnischen Stücke schon vor der Niederschrift des jeweiligen Briefes als Lobpreislieder in der Gemeinde waren».[16]

Zwar hat die Musik gegenüber dem biblischen Wort keinen eigenen Offenbarungscharakter, sie ist nicht inspiriert – aber sie kann inspirieren! Sie *dient* der Verkündigung, denn sie gelangt oft in viel tiefere Schichten unseres Seins als das bloß gesprochene Wort. Weil Musik unseren Körper und unsere Seele in Schwingungen versetzt. Geistliche Musik vermag mitunter scheinbar fest verriegelte Fenster und Türen zu öffnen. Sie kommt «durch die Nacht und das dichteste Geäst», auch bei uns.

Darum ist die Musik ein sehr wirkungsvolles Mittel, um die Verkündigung des Gottesdienstes zu unterstreichen. Bibelverse, Glaubens- und Vertrauensbekenntnisse, ja auch Aufforderungen und dogmatische Aussagen lassen sich auf diese Weise vertonen und über das Medium Musik in die Tiefen unseres Unterbewusstseins tragen. Über eine Melodie tragen wir manche Texte in uns, die wir uns ohne Melodie nicht so einfach hätten zu eigen machen können.

In den Zeiten des NT haben die Christen die Psalmen gesungen. Die Lehre des Christentums wurde zum großen Teil mündlich und wohl auch durch Gesang überliefert.[17] Durch diese musikalischen Übungen haben viele das Wort Gottes in ihrem Herzen behalten.[18] Wir wissen, dass Musik große didaktische Eigenschaften hat und dass durch sie vieles leichter gelernt werden kann. Ich selbst habe durch das Singen und Hören von Liedern so manchen Bibeltext auswendig gelernt. Auch habe ich es immer wieder erlebt, wie hilfreich es ist, wenn wir mit einem kranken, schwachen oder auch mit einem sterbenden Menschen ein geistliches Lied singen können; wenn wir auf Worte zurückgreifen können, die ihm schon vertraut sind und die er schon längst verinnerlicht hat, weil er sie viele Male in seinem Leben bereits zu seinen eigenen Worten gemacht hat.

Martin Hengel hat beschrieben, dass das Lied neben der Lehre und der prophetischen Rede «offenbar einen Grundbestandteil des geistgewirkten Wortgottesdienstes der paulinischen Missionsgemeinden» war.[19] Interessant ist in diesem Zusammenhang Epheser 5,18–19: «… sondern werdet voller Geist, indem ihr zueinander in Psalmen und Lobliedern und

Kapitel 1 · Das Thema Anbetung bei Juden und Christen

geistlichen Liedern redet und dem Herrn mit eurem Herzen singt und spielt.»[b]

Wir sehen, dass das Erfülltwerden mit Gottes Geist unter anderem auch dadurch geschieht, dass wir einander Psalmen zusprechen, dass wir geistliche Lieder singen, dass wir von Herzen für Jesus musizieren, und dadurch, dass wir für alles danken. Aus dieser Stelle, aber auch aus 1. Korinther 14,15 und 26, sehen wir, dass bei den Christen in Ephesus, Korinth und Kolossä der Gesang und die Musik eine wichtige Rolle im Gottesdienst spielten.

Es ist also legitim anzunehmen, dass Kolosser 3,16 das Singen im Gottesdienst im Auge hatte. Ich will versuchen, einige missverständliche Ausdrücke zu klären. «In euren Herzen» meint nicht einen unhörbaren Gesang nur im eigenen Innern, sondern dies zielt auf die Verwurzelung des Singens im Zentrum unsrer Person. Denn das bedeutet der griechische Begriff für Herz: «das Ich des Menschen, die Mitte des leiblichen und geistigen Lebens».[20]

Singen darf nicht «Lücken füllen». Wenn wir singen, sollen wir ganz dabei sein – oder es lassen. Denn wir singen Gott zur Ehre. Dass die Lieder «Gott» gebühren oder dem «Herrn», meint ebenfalls keinen Gesang nur im Stillen, sondern gibt die Ausrichtung des Lobpreises an. Darauf kommt Paulus ja auch im direkten Kontext noch zu sprechen (Vers 17): «Alles, was ihr tut, im Wort oder im Werk, alles tut im Namen des Herrn Jesus, und sagt Gott, dem Vater, Dank durch ihn.»[b] Auch die Aufforderung «vermahnet euch selbst», wie es noch in der Lutherbibel von 1912 steht, hat nicht die Vermahnung an die je eigene Seele vor Augen, das «euch selbst» ist vielmehr auf die Gruppe insgesamt, auf die christliche Gemeinde, bezogen. Weswegen auch in der Lutherbibel von 1984 diese Stelle zu «ermahnt einander» korrigiert wurde.

Das Überraschende ist aber für mich, dass den drei Arten von Liedern hier von Paulus auch ermahnende und lehrende Funktion zugeordnet wird. «In aller Weisheit lehrt und ermahnt euch gegenseitig mit Psalmen, Liedern und geistlichen Liedern» (Kolosser 3,16).

Darum dürfen wir Anbetung und Lobpreis nicht gering schätzen oder nur als Vorprogramm abtun. Das dialogische Geschehen des Gottesdienstes bildet einen Gesamtzusammenhang. Denn das Wort Gottes, das im Gottesdienst verkündigt wird, zielt vonseiten des Menschen auf dessen Einverständnis. Das Wort will ja aber nicht nur zur Kenntnis genommen werden, sondern es zielt auf Zustimmung und Übereinstimmung. Biblisch kommt dies in dem Verb ὁμολογέω (homologeō) = *eingestehen, bekennen* zum Ausdruck. Darum ist jede Etikettierung als «Vorprogramm» oder «Rahmen» einem Gottesdienst nicht angemessen und auch nicht sachgemäß. Solche Formulierungen verstärken die Auffassung, der Gottesdienst beginne erst mit der Predigt oder er bestehe im Kern aus der Predigt. Dem muss man entgegenhalten, dass jedes gottesdienstliche Element zur Anrede Gottes an uns werden kann, vorausgesetzt, jedes Element steht in einem grundlegenden Bezug zum Wort Gottes.

Ab und an sagen mir Gottesdienstbesucher, sie ertrügen das oft viel zu lange Vorprogramm nur, damit sie dann endlich die Predigt hören könnten. Wenn das Gottesdienstvorprogramm von endlosen Familien-Insider-Nachrichten dominiert wird, kann ich verstehen, dass manche ein Gefühl der Langeweile und Belanglosigkeit beschleicht. Doch wenn wir grundsätzlich *alles*, was vor der Verkündigung kommt, nur duldend in Kauf nehmen, dann ist das fast so, als würden wir dem lebendigen Gott damit sagen: «Lieber Herr, ich bin zwar schon hier im Gottesdienst, aber im Augenblick warte ich eigentlich nur auf das Wichtigste, die Predigt. Sprich mich bitte jetzt noch nicht an, wir sind ja noch im Vorprogramm. Gib, dass es schnell vorübergeht.» Das kann nicht sein – oder? Wir kommen zusammen, um Gott zu feiern, um ihn zu loben und ihm zu sagen, was er uns bedeutet, und das geht wunderbar mit Singen und Musik. «Die Heilige Schrift stellt uns Gott, den Vater, nicht als jemanden vor Augen, der sich in Erwartung

Kapitel 1 · Das Thema Anbetung bei Juden und Christen

der Predigt durch den Gesangsteil des Gottesdienstes hindurchgähnt.»[21]

Was aber ist, wenn die Zeit der Anbetung tatsächlich zum Gähnen ist und die Sängerinnen und Sänger uns eher hoffen lassen, dass es bald ein Ende hat? Was ist, wenn die Sängerinnen und Sänger keinerlei Körpergefühl haben und stocksteif vor uns stehen und kaum den Mund aufbekommen? Dann brauchen die verantwortlichen Leiter Mut und Feingefühl und viel Zeit zum Gespräch mit den Betreffenden. Singen kann man nicht nur, indem man seinen Mund bewegt, beim Singen ist der *ganze* Körper beteiligt. Sonst springt auch kein Funke über.

Es kann aber auch an mir selbst liegen; die Musik und die Sänger können perfekt und peppig sein. Was ist, wenn ich mich innerlich einfach nicht auf Gott ausrichten kann? Was ist, wenn ich einfach nicht bereit bin, «aus vollem Herzen zu jubeln» (Epheser 5,19a)?

Wenn wir unsere Anbetungszeit zu einem kläglichen Gesinge verkümmern lassen oder schlampig vorbereiten, entfernen wir uns nicht nur vom biblischen Standard, sondern wir werden auch Mühe haben, vom Geist erfüllt zu werden, wie Paulus uns auffordert (Epheser 5,18–19b): «... werdet voller Geist, indem ihr zueinander in Psalmen und Lobliedern und geistlichen Liedern redet und dem Herrn mit eurem Herzen singt und spielt.» Singt unser Herz mit, wenn wir singen?

Wenn wir die Musik nur als «Rahmenprogramm» oder «Vorbereitung für die Predigt» betrachten, nehmen wir uns die Chance, Gott unsere Anbetung und Dankbarkeit zu bringen und Schritte des Glaubens zu gehen. Auch unsere Musik ist ein Hören auf Gott oder ein Zu-ihm-Reden: Mit vielen Liedern sagen wir ihm, was er uns bedeutet. Wie kurzsichtig, das nur als Vor- oder Rahmenprogramm zu betrachten. Und wie schade!

Der Königsberger Philosoph Immanuel Kant hat einmal gesagt: «Ich glaube durch meine Philosophie mit allem im Klaren zu sein – wenn ich aber einen evangelischen Choral höre, so gibt mir das einen Frieden, den mir meine Philosophie nicht gibt.»[22] Das fand ich doch beachtlich.

Einen Frieden, den uns keine Philosophie der Welt geben kann, der aber in unser Herz strömen kann, wenn wir Gott anbeten, diesen Frieden hatte der von Geburt an blinde Mann in Johannes 9 gefunden, weil er die Kraft von Jesus erfuhr. Und so betete er Gott ganz spontan an.

Kapitel 2

Ein Gang durch die Geschichte der Kirche

Dass wir gerade in den Psalmen keine ausschließlich richtige Form der Anbetung vorgesetzt bekommen, öffnet uns einen weiten Horizont. Im Gegenteil, die inspirierten hebräischen Lieder lassen eine große Freiheit im Ausdruck zu. Sie sind durchzogen von ruhigen Rhythmen der Stille und ernster Anbetung, aber sie brodeln auch vor lauter Begeisterung und Tanz. Ein pluralistischer Mix, ein Schmelztiegel der Begegnungen mit Gott. Und die können eben über *alle* Sinne geschehen. Gerade die Gottesdienste im alten Israel waren Feste für alle Sinne.

Ausgrenzungen und Verbote

Meine erste Bekanntschaft mit Diskussionen über Musik in der Gemeinde machte ich schon als Kind. Als wir ein neues, größeres Gemeindehaus gebaut hatten, reichte das alte Harmonium nicht mehr aus. Überhaupt wirkte es in dem modernen, lichtdurchfluteten Gebäude etwas anachronistisch, wie ein Relikt aus längst vergangenen Zeiten. Eine Pfeifen-Orgel wurde angeschafft und das Harmonium in einen Nebenraum verbannt. Als dann aber neben der Orgel auch noch ein Klavier stehen sollte, gab es etliche Leute, die das für übertrieben *weltlich* hielten.

Wenn ich mir die Geschichte der Kirche näher betrachte, was eigentlich immer eine höchst spannende Angelegenheit ist, dann sehen wir, wie beschämend der Umgang mit der in den Psalmen entdeckten Freiheit war. Ausgrenzungen und Verbote, Verdächtigungen und Unterstellungen haben unseren Lobpreis klein gehalten. Es war damals nicht besser als heute. Offensichtlich tappen wir immer in die gleichen Fallen. Immer noch lautet die Frage für viele Christen: Wann ist Musik Musik? Und welche Art von Musik gehört letztendlich in den Gottesdienst?

Ein Instrument, das die meisten Christen unweigerlich mit Kirche, Gottesdienst und Musik in Verbindung bringen, ist die Orgel. Sie ist für viele die «Königin der Instrumente» und gehört, so meinen viele Besucher bis heute, zur Ästhetik und Erhabenheit eines Gottesdienstes.

Orgeln sollen in der Antike beim Barbier zur Belustigung der Kunden gespielt worden sein. Als sie im zehnten Jahrhundert in die Messe eingeführt wurden, beschimpfte man sie als Straßeninstrument, da sie vor allem auf Jahrmärkten gespielt wurden. Erst im 17./18. Jahrhundert wurde die Orgel zur Begleitung des Gemeindegesangs eingesetzt. Im lutherischen Raum wurde sie als Chorbegleitung geduldet und zusammen mit anderen Instrumenten gespielt. Im reformierten Gottesdienst sang die Gemeinde ohne Orgel, aber vielerorts sang sie vierstimmig, und manchmal wurde sie mit Blechblasinstrumenten begleitet.[23]

Die Geige, die im frühen 16. Jahrhundert in Italien entstand, galt anfangs als Instrument von niederem gesellschaftlichen Rang und lange Zeit als das Instrument Satans. Anders als Luther wandte sich Zwingli gegen jedes Instrument im Gottesdienst. Er verzichtete für seinen Gottesdienst auf alle Musik.[24] Ähnliches forderte der Reformator Karlstadt: «Verbannt Orgeln, Trompeten und Flöten ins Theater. Besser ein Gebet von Herzen als tausend Psalmkantaten. Die sinnlichen Töne wecken weltliche Gedanken.» Calvin ließ nur den reinen Psalmengesang der Gemeinde zu – ohne Instrumente.

Viele Lieder, die wir heute als «sakrale Musik» bezeichnen, wurden bei ihrer Entstehung wegen ihrer allzu großen Weltlichkeit kritisiert. Sogar Georg Friedrich Händels (1685–1759) «Messias» wurde von Kirchenleuten seiner Zeit als «vulgäres Theater» verurteilt: Das Stück habe zu viele Wiederholungen (man denke an die fast hundert «Hallelujas»!) und nicht genügend Botschaft.

Eins lässt sich aus der Geschichte nachweisen: Wann immer sich eine Änderung im Stil der Kirchenmusik abzeichnete, gab es Gegner: Menschen, die den neuen Stil als minderwertig, niveau- und kulturlos, zu sinnlich, zu weltlich, ja sogar als satanisch bezeichneten.[25]

In diese Falle sollten wir nicht auch tappen. Auch wir können aufgrund unsrer kulturellen Konditionierung übersehen, dass ein neuer Musikstil schon längst ein mächtiges Werkzeug Gottes sein kann, während wir ihn noch verunglimpfen.

Singen und Musik sind ein Ventil für unsere Sehnsucht

Musik hat eine enorm aufbauende Kraft. Darum ermutigen uns so viele Psalmen, unserem Gott laut und fröhlich zu singen. Sicherlich haben wir auch schon festgestellt, dass Musik die Kraft hat, uns aus dem Sumpf negativer Gedanken und Gefühle nach oben zu ziehen. Musik kann trösten und ermuntern, sie kann lösen und befreien, sie kann einen neuen Ton in unserem Leben anschlagen.

Das, was mich bewegt, kann und darf ich durch Worte, Rhythmik und Melodie ausdrücken. Viele Lieder sind entstanden, als die Menschen vom Handeln Gottes bewegt waren. Dabei hat es keine Rolle gespielt, ob sie ganz Schweres oder sehr Schönes erlebt haben. Das, was sie erlebt hatten, trieb sie dazu, ein Lied zu dichten und es hinauszusingen.

Ein sehr authentisches Beispiel dafür sind die Spirituals der Afroamerikaner. Ihre Lieder waren ein Ventil und eine Brücke. Zum einen eine Brücke zurück in die verlorene Heimat Afrika, zum anderen aber auch ein Brückenschlag vorwärts in eine Heimat, das verheißene Land, in dem es keine Unterdrückung, kein Leid, kein Geschrei, keine Trauer und keine Schmerzen mehr geben wird. «Den Kontrapunkt zu dem Schrei aus der Tiefe bildet der Hoffnungsschrei und die jubelnde Erlösungsgewissheit, was besonders deutlich in dem bekannten Spiritual ‹Nobody Knows The Trouble I've Seen› zum Ausdruck kommt, wo noch aus der tiefsten Tiefe menschlichen Leidens das Gotteslob ertönt.»[26]

> Nobody knows the trouble I've seen,
> Nobody knows but Jesus.
> Nobody knows the trouble I've seen,
> Glory, hallelujah.

Insofern war das Singen und Musizieren oft schon ein Stück Therapie, um die Freude oder den Schmerz unter die Füße zu kriegen.

Darum ist Singen als Lob Gottes ganz bestimmt eine Macht im persönlichen Leben. Singen verändert uns. Ein Lied kann uns eine Wahrheit neu aufgehen lassen. Wenn wir singen und dadurch die Worte, Gedanken und Erfahrungen eines anderen Menschen in gewissem Sinne nachsprechen, machen wir sie uns zu eigen.

Singen entspannt und macht gesund

Deshalb ist das gemeinsame Singen im Gottesdienst so wichtig. Ich bin beim Singen und Musizieren als Mensch ganz dabei: mit meinem Denken, meiner Stimme, meiner Atmung, meinem Körper. Ich erwecke «an sich tote Worte» durch meine Stimme, durch einen Rhythmus und eine Melodie zu Gedanken des Lebens. Abgesehen davon, dass Singen für die inneren Organe sehr gesund ist, belebt das Singen christlicher Lieder auch meinen Glauben. Es verändert mein Herz, mein Gemüt und mein Denken.

Mit «Musik für die Seele» begann die wohl bedeutsamste «Karriere» im alten Israel. David wurde an den Hof des Königs gerufen, um Saul mit seiner Musik aus den schlechten Launen und trübsinnigen Gedanken herauszuholen. Musiktherapie ist keine Erfindung der Neuzeit. Die therapeutische Wirkung der Musik wird in 1. Samuel 16,23 im hebräischen Text mit den Worten: «Es wurde ihm wieder weit», beschrieben. Saul kam durch die Musik wieder aus seiner Enge heraus. In der griechischen Übersetzung des AT heißt es: «Er lebte wieder auf.»[27] Allerdings zeigt dieses Beispiel auch, dass das Spielen der Harfe für David in der Nähe Sauls lebensgefährlich wurde. Darum braucht «Heilung durch Musik» auch den Rahmen einer intakten therapeutischen Beziehung zwischen Therapeut und Patient.[28]

Manche von uns werden ähnliche Erfahrungen gemacht haben. Kein Einsatzbereich der Musik hat eine so lange Tradition wie das Feld der Entspannung oder Anregung durch bestimmte Klänge. Über das Anhören ausgewählter Musik kann innerhalb derselben Zeit ein größerer physiologischer Entspannungsgrad (bzgl. Muskeltonusreduktion, Atemfrequenz, Durchblutung usw.) erreicht werden, als dies in demselben Zeitrahmen mit alternativen Entspannungstechniken der Fall sein kann. Die Ergebnisse der musikalischen Wirkungsforschung sind beeindruckend.[29] Eric Clapton schreibt in seiner Autobiografie *Mein Leben*: «Musik wurde meine Heilerin, und ich lernte mit meinem ganzen Wesen zuzuhören. Ich entdeckte, dass ich dabei all meine Ängste und Unsicherheiten bezüglich meiner Familie vergessen konnte.»[30]

Luther schrieb einem Freund einmal folgenden Rat: «Wenn ihr traurig seid, und es will überhand nehmen, so sprecht: Auf! Ich muss unserem Herrn Christus ein Lied spielen, denn die Schrift lehrt mich, dass er gern fröhlichen Gesang und Saitenspiel hört. Und greift frisch in die Tasten und singet drein, bis die Gedanken vergehen, wie David und Elisäus [Elisa] taten. Kommt der Teufel wieder und gibt euch eine Sorge oder traurige Gedanken ein, so wehret euch frisch und sprecht: Aus, Teufel! Ich muss jetzt meinem Herrn Christus singen und spielen. Also müsst ihr euch wahrlich ihm widersetzen lernen und nicht gestatten, dass er euch Gedanken mache. Denn wo ihr einen einlasset und zuhöret, da treibt er euch wohl zehn Gedanken hernach, bis er euch übermanne. Darum ist nichts besser, als ihm flugs im Ersten auf die Schnauzen geschlagen.»

Singen ist eine unaufgebbare Lebensäußerung

Singen ist zu allen Zeiten eine unaufgebbare Lebensäußerung der christlichen Gemeinde gewesen. Das ist kein utopisches Gerede, sondern geschichtliche Realität.

In den ersten Jahrhunderten der Christenheit, als die römischen Kaiser die Christen noch als Staatsfeinde betrachteten, priesen sie Gott nicht nur in den Katakomben und bei Gottesdiensten, sondern auch in den Kerkern und wenn sie wilden Tieren vorgeworfen wurden. Als einer der Kaiser sich bei seinen Leuten nach der Stimmung der Christen erkundigte, bekam er die Antwort: «Majestät, sie singen ihrem Gott!»

Ein Lied aus dieser Zeit ist «Allein Gott in der Höh' sei Ehr und Dank». Dieses Lied war offensichtlich schon Plinius, dem Statthalter von Bithynien, ein Begriff, weil er in seinem bekannten Brief an den Kaiser Trajan (98–117 n. Chr.) von den Christen berichtet, dass sie an einem bestimmten Tag vor Sonnenaufgang zusammenkommen und wechselweise ein Lied auf Christus singen, der darin als Gott verehrt wird. Das Lied wurde von Bischof Hilarius (von Poitiers) um 350 in die abendländische Kirche verpflanzt. Darum wird in den Liederbüchern stets «Text 4. Jh.» angegeben. Ins Deutsche wurde es um 1522 durch Nicolaus Decius übertragen. Decius war, wie einst Luther, Mönch in einer Abtei und später Propst im Kloster Steterburg bei Braunschweig.

Wir gehen noch einmal zurück ins ausgehende 4. Jahrhundert zu einem der Väter des Kirchengesanges: Es ist Ambrosius (um 339–397), Sohn einer vornehmen römischen Familie, Ratgeber des Kaisers Theodosius am Hof in Mailand. Als ehemaliger Statthalter von Oberitalien wurde er im Jahr 374, als Bischof Auxentius von Mailand starb, durch den Willen des Volkes genötigt, die bischöfliche Würde zu übernehmen.

Ambrosius war damals wohl schon Christ, aber noch nicht getauft. Und so wurde er innerhalb von acht Tagen, im Alter von 34 Jahren, getauft und zum Bischof geweiht. Zwei Dinge führte er als Neuerung ein: Er predigte an jedem Sonntag das Wort Gottes, denn bis dahin wurde in Italien nur selten am Sonntag gepredigt. Und er begann als erster Kirchenführer des Abendlandes nach dem Vorbild der griechischen Kirche Lieder zu dichten und sie im Gottesdienst singen zu lassen. Ambrosius führte den Choralgesang ein, und Mailand erlebte in seiner Ära eine große Singbewegung.

Das Lied «Großer Gott wir loben dich!» ist ein uraltes Morgenlied der orientalischen Kirche. Ambrosius selbst sagt über diesen Lobeshymnus: «Einen herrlicheren, mächtigeren Gesang gibt es offenbar nicht; denn was kann wohl mächtiger sein als das alltägliche, aus dem Mund des ganzen Volkes erschallende Bekenntnis der heiligen Dreieinigkeit?» Es ist eines der Lieder, die am frühsten verdeutscht wurden. Schon im 9. Jahrhundert gab es eine Übersetzung. 1529 hat es Martin Luther neu übertragen und der alten Melodie trefflich angepasst. Er bezeichnete den Choral als das dritte Glaubensbekenntnis der christlichen Kirche, nach dem Apostolikum und dem Nizänum.

Auch zur Zeit der Reformation waren es keineswegs nur Luthers theologische Schriften, die für einen Paradigmenwechsel sorgten. Was aus der Reformation in Deutschland eine wirkliche Volksbewegung machte, das waren ganz wesentlich Luthers Choräle, die der Volksmusik der damaligen Zeit abgelauscht waren. Die Predigt wurde durch diese Choräle außerordentlich unterstützt. 1524 erschien in Wittenberg das erste evangelische Gesangbuch und enthielt zum größten Teil Luthers Lieder.

Obwohl Martin Luther, der selbst Laute und Flöte spielte, nur 36 Lieder direkt zugeschrieben werden, sorgte er doch für die gewaltige Ausbreitung eines neuen geistlichen Liedgutes. Der Jesuit Adam Conzensius klagte: «Luthers Kirchenlieder haben mehr Seelen zerstört als seine Schriften und Reden.»[31] Luther war nicht nur ein Sprachgenie und Dichter, sondern er vertonte auch viele seiner Choräle selbst.[32] Jedenfalls integrierte er die Musik als essenziellen Bestandteil in den Gottesdienst. Für ihn hatte die Musik den Antwortcharakter auf die Verkündigung des Gotteswortes. Er räumte dem musikalischen Ausdruck des Gotteslobes im Gottesdienst einen besonderen Platz ein.[33] «Von der Musik ist zu sagen, dass nach dem Heiligen Wort Gottes nichts so hoch zu rühmen ist, weil sie aller Bewegung des menschlichen Herzens mächtig ist.» So der Reformator Martin Luther.

Seinen Höhepunkt erreicht das evangelische Liedgut allerdings bei Paul Gerhardt, und das mitten im Erleben und

Erleiden konfessionellen Unfriedens und des Dreißigjährigen Krieges. Paul Gerhardt ist der weltweit bekannteste Dichter deutscher Kirchenlieder, und seine «Tröstelieder» (Theodor Fontane) gehören neben Luthers Bibelübersetzung und Grimms Märchen zu den bekanntesten Texten unserer Sprache.

Paul Gerhardt war ein exzellenter «Songwriter», denn ihm ist es gelungen, dem Leid und der Sehnsucht seiner Zeitgenossen in einer Weise Ausdruck zu geben, die ihn selbst überdauert hat. Seine Lieder, die von den bedeutendsten Kirchenmusikern seiner Zeit vertont wurden, sang man in Leipzig und Breslau, in Kopenhagen und Amsterdam, in Straßburg und Zürich. Ganz ohne Radiostationen, CDs und Videoclips lernten die Menschen seine Texte kennen. Notenblätter kursierten, und die Leute sangen seine Lieder bald auswendig – und wir singen sie heute noch. Von insgesamt 139 Liedern finden sich 26 im *Evangelischen Gesangbuch*, selbst im katholischen *Gotteslob* ist Gerhardt mit sechs Liedern vertreten.

Als Gerhardt 1607 geboren wurde, deutete sich bereits eine historische Tragödie an: der Dreißigjährige Krieg, die große europäische Katastrophe des 17. Jahrhunderts. Sie wurde zur prägenden Kulisse und Erfahrung des Dichters.

Paul Gerhardt hat seine persönlichen Glaubenserfahrungen in Liedern voller Gottvertrauen zusammengebunden. Das geistliche Lied, das im 17. Jahrhundert entstanden ist, war aber noch kein Kirchenlied. Paul Gerhardts Lieder kamen erst um die Wende des 17./18. Jahrhunderts allmählich in die Gottesdienste. Über private Liedsammlungen gelangten sie in die von den Landesherren privilegierten Gesangbücher.

In der Kirche sang man zu Gerhardts Zeit die klassisch gewordenen Lieder Luthers und seiner Kampfgenossen. Sie hatten die alleinige Berechtigung, das Bekenntnislied der Gemeinde zu sein. Trend war damals, zu betonen, dass man auf dem «Grund der Apostel und Propheten» steht. Besonders «in» war der «Wir-Charakter» der Lieder, wie etwa in dem Lied von Martin Luther «Ein feste Burg ist unser Gott»: «Mit unsrer Macht ist nichts getan, wir sind gar bald verloren.» Alles Ich-Betonte war verpönt. Paul Gerhardt formulierte im Kontrast dazu sehr viele Lieder im «Ich-Charakter»:

Ich singe dir mit Herz und Mund,
Herr, meines Herzens Lust;
ich sing und mach auf Erden kund,
was mir von dir bewusst.

Ich steh an deiner Krippen hier,
o Jesu du mein Leben;
ich komme, bring und schenke dir,
was du mir hast gegeben.

Ich bin ein Gast auf Erden,
und hab hier keinen Stand,
der Himmel soll mir werden,
da ist mein Vaterland.

Ich weiß, mein Gott, dass all mein Tun
und Werk in deinem Willen ruhn,
von dir kommt Glück und Segen;
was du regierst, das geht und steht
auf rechten, guten Wegen.

Sollt ich meinem Gott nicht singen?
Sollt ich ihm nicht dankbar sein?
Denn ich seh in allen Dingen,
wie so gut er's mit mir mein'.

Wie soll ich dich empfangen,
und wie begegn' ich dir,
o aller Welt Verlangen,
o meiner Seele Zier?

Der Ich-Charakter erlebt heute ein Comeback, denn auch wir leben ja wieder in einem Zeitalter der «Ich-Botschaften». Viele Anbetungslieder sind so gestrickt: «Ich singe dir ein Liebeslied»; «Herr, ich komme zu dir»; «Ich lieb dich, Herr»; «Ich kann nicht schweigen von dem, was du getan hast», um nur einige aufzuzählen.

Damals nahm man keine Gesangbücher mit zur Kirche. Die meisten Lieder kannte man auswendig. Viele Kirchenbesucher, vor allem auf dem Land, konnten nicht lesen. Wenn ein neues Lied eingeführt wurde, dann musste der Chor es vorsingen – so oft und so lange, bis die Gemeinde es nachsingen konnte.

Eine glückliche Fügung war für Paul Gerhardt die Begegnung mit dem Kantor der St. Nikolaikirche, Johann Crüger, der den Dichter sozusagen «entdeckte» und bekannt machte. In seinem Gesangbuch *Praxis Pietatis Melica. Das ist Übung der Gottseligkeit in christlichen und trostreichen Gesängen*, das 1647 erschien, nahm er achtzehn Lieder von Paul Gerhardt auf. Die fünfte Auflage der *Praxis Pietatis* von 1653 enthielt bereits 82 (!) Lieder Paul Gerhardts.

Das Repertoire der Evangelischen umfasste damals etwa fünfzig Lieder, die man in den Gottesdiensten von der ersten bis zur letzten Strophe sang. Damit war das Liedgut noch überschaubar. Aber in der Regel hatte ein Lied weit mehr als drei bis vier Strophen. Bei Paul Gerhardt gibt es Lieder mit bis zu 25 und 28 Strophen. Doch diese haben sich in das Herz der Gemeinde hineingesungen. Sie wurden verinnerlicht. Das Gesangbuch war damals wirklich, wie Luther es einst formuliert hatte, «der Laien Biblia». Und dazu kommt noch etwas: Zu Hause wurden die geistlichen Lieder gesungen. Es war neben dem Wort das Lied, aus dem die Gläubigen ihre geistliche Speise nahmen.

Paul Gerhardts Lieder zeigen schon in ihren Grundzügen eine volksliedmäßige Schlichtheit. Es sind einfache, treffende Sätze, die sitzen. Zugleich ist er aber auch ein Wortmaler mit einer ausgesprochenen Zartheit und Innigkeit des Empfindens. Heute würden wir vielleicht sagen: Gerhardts Lieder zeigen eine einfache Struktur, eine feinfühlige Ausdrucksweise und ein hohes Maß an Sensibilität, dazu einen geradezu entwaffnenden Glauben. In allen Liedern schwingt etwas von seinem kindlichen Glauben mit, von einer verborgenen Kraft, die unser Leben trägt und siegreich das Leid in dieser Welt überwindet.

Paul Gerhardt kam es nie darauf an, ein «Poet» zu werden. Vielleicht hat er sich selbst auch nie für einen Dichter gehalten. Er hat – im Gegensatz zu den damals berühmten Dichtern – seine Lieder nie gesammelt und herausgegeben. Was er wollte, war, das Wort Gottes in die Herzen der Menschen zu singen. Er wollte gerade denen Trost spenden, die von schweren Schicksalsschlägen und Fügungen heimgesucht wurden. Durch seine Lieder wollte er ihnen helfen, mit ihrem Leben fertig zu werden.

So betrachtet, hatten und haben die Lieder Paul Gerhardts durchaus therapeutische Funktion. Und eben darum sind sie auch heute noch aktuell. Das Lied «Geh aus, mein Herz, und suche Freud in dieser lieben Sommerzeit an deines Gottes Gaben; schau an der schönen Gärten Zier, und siehe, wie sie mir und dir sich ausgeschmücket haben» ist eine Einladung, sich an der Schönheit der Natur zu erfreuen. Oder das Lied (Nummer 370 im *Evangelischen Gesangbuch*): «Warum sollt ich mich denn grämen? Hab ich doch Christum noch; wer will mir den nehmen? Wer will mir den Himmel rauben, den mir schon Gottes Sohn beigelegt im Glauben?» Dieses Lied trägt in alten Gesangbüchern die Überschrift: «Ein christliches Freudenlied», oder «Das beste Antimelancholikum».

Man hat von Gerhardts Optimismus gesprochen, doch das ist nur bedingt richtig. Er hat die Welt nicht bloß im Sonnenschein gesehen! Er war kein weltfremder Traumtänzer. Das Bekenntnis «Ich bin ein Gast auf Erden und hab hier keinen Stand, der Himmel soll mir werden, da ist mein Vaterland» mit seiner schwermütigen Betrachtung des Weltlaufes, der Ungerechtigkeit, der Leiden und der harten Lasten, die getragen werden müssen, zieht sich durch viele seiner Lieder hindurch (Strophe 3, ursprünglich Strophe 10): «Zu ihm steht mein Verlangen, da wollt ich gerne hin; die Welt bin ich durchgangen, dass ich's fast müde bin. Je länger ich hier walle, je wen'ger find ich Freud, die meinem Geist gefalle, das meist ist Herzeleid.» Es sind die tiefen Kontraste des Lebens, die Paul Gerhardts Dichtung so farbig und authentisch machen. Manchmal klingt es, als ob er gegen die Depression anschreibt.

Mal abgesehen von dem Anteil, den die musikalische Vertonung an der Wirkung von Gerhardts Liedern hat, der sicherlich nicht unerheblich ist, kann man aber doch für seine Texte zusammenfassend feststellen: Paul Gerhardts Dichtungen waren biblisch verankert, in ihnen ist das Evangelium feinfühlig eingebunden und deutlich hörbar. Deshalb haben seine Texte unzähligen Menschen Trost, Halt, Geborgenheit, Freude und Zuversicht geschenkt. Auf der Gedenktafel in Lübben steht: «Seine Lieder leben in der ganzen Christenheit». Gerade in schwierigen Zeiten haben Menschen immer wieder auf seine Lieder zurückgegriffen. Dietrich Bonhoeffer schrieb im November 1943: «In den ersten zwölf Tagen, in denen ich hier als Schwerverbrecher abgesondert und behandelt wurde – meine Nachbarzellen sind bis heute fast nur mit gefesselten Todeskandidaten belegt –, hat sich Paul Gerhardt in ungeahnter Weise bewährt.»

Das berühmteste Lied Paul Gerhardts (Nummer 85 im *Evangelischen Gesangbuch*), und diese Einstufung besteht zu Recht, ist das Lied «O Haupt voll Blut und Wunden». Es wurde mittlerweile in fast einhundert Sprachen übersetzt:

«O Haupt voll Blut und Wunden, voll Schmerz und voller Hohn, o Haupt, zum Spott gebunden mit einer Dornenkron; o Haupt, sonst schön gezieret mit höchster Ehr und Zier; jetzt aber hoch schimpfieret (oder: frech verhöhnet): Gegrüßet seist du mir!»

Obwohl dieses Lied keine Originaldichtung, sondern die Übertragung einer mittelalterlichen lateinischen Vorlage ist,

Kapitel 2 · Ein Gang durch die Geschichte der Kirche

gelang Paul Gerhardt hier ein Kunstwerk von einmaliger Schönheit, Dichte und Aussagekraft.

Paul Gerhardts Lieder sind eine radikale Anfrage an unser eigenes Gottvertrauen und unsere Glaubenshaltungen. Der Trost, der Friede und die tiefe Freude an Gott und der Schöpfung, die Paul Gerhardt in seinen Texten beschreibt, sind eine Anfrage an meine Lebensmuster und meine Identität. Das Motiv eines fröhlichen und bewegten Herzens zieht sich durch viele seiner Lieder. Das macht sie ansteckend und authentisch. Ob auch unser Herz so fröhlich und bewegt ist? Es wird zu einem gut Teil an der Einsicht hängen, die Paul Gerhardt in seinem Lied «Ist Gott für mich, so trete gleich alles wider mich» in Strophe fünfzehn folgendermaßen formuliert:

> Mein Herze geht in Sprüngen
> und kann nicht traurig sein,
> ist voller Freud und Singen,
> sieht lauter Sonnenschein.
> Die Sonne, die mir lachet,
> ist mein Herr Jesus Christ,
> das, was mich singen machet,
> ist, was im Himmel ist.

Dieser kurze Abriss hat deutlich gemacht, wie unterschiedlich Musik und Gesang beurteilt wurden, wie stark sie manche Epoche geprägt haben und oft weit über ihre eigene Zeit hinaus wirken. Doch eins ist sicher: Lob Gottes wird sichtbar und hörbar! Lob Gottes begeistert und steckt an. Singen entspannt und macht gesund. Singen ist eine unaufgebbare Lebensäußerung in der Gemeinde.

Auch bei uns? Schaffen wir Räume für das Lob Gottes in der Gemeinde? Ich meine, wir brauchen in unseren Gottesdiensten Zeiten der Anbetung, in denen es über das Singen wirklich zum Lob Gottes kommt. Und das ist ein lohnender Weg, den eine Gemeinde miteinander lernen und einüben darf. Unser Lob ist doch nicht einfach abrufbar. Um innerlich beteiligt zu sein, braucht es ein «warming up» (eine Aufwärmphase), Atmosphäre und Zeit. Es braucht ein inneres Ankommen, eine einfühlsame Hinführung und überraschende Momente. Dann wird unser Lob Gottes zu einer beglückenden Form der Kommunikation mit dem Herrn aller Herren. Wer es als «Instant-Produkt» einsetzt, wird erfahren, dass es sich «auf Kommando» schlecht lobt. Das Wort Gottes und der Heilige Geist dürfen uns bewegen. Wenn unsere Lobpreisleiter selbst bewegt sind, wird es ihnen leichter fallen, auch uns zu bewegen.

Wo wird das Lob Gottes sichtbar in unserem Leben? In unserer Familie? In unserer Ehe? Wo begeistert mein Lob und steckt andere an? Entspannt mich das Singen geistlicher Lieder? Ist Singen und Musizieren für mich eine unaufgebbare Lebensäußerung meines Glaubens?

Es ist ein Zeichen der Vielfalt und Ausdruck eines weiten Herzens, wenn eine Gemeinde Gott lobt, indem sie alte Choräle singt, die eine Sprache sprechen, die zwar nicht «up to date», deren Inhalt aber bleibend ist und die nachhaltig Willen, Gefühl und Verstand prägt. Und ebenso ist es eine Frage der geistlichen Haltung, die eine Gemeinde befähigt, unbefangen neue Lieder zu lernen und in einer zeitgemäßen Sprache das zum Ausdruck zu bringen, was sie geistlich bewegt. Da darf es textarme, aus vielen Wiederholungen bestehende (die gibt es auch in den Psalmen, siehe etwa Psalm 136!) und sehr emotionale Lieder geben, aber auch wortreiche und anspruchsvolle Texte, die Themen des Lebens aufgreifen, Tiefgang haben und auf den Punkt kommen.

Natürlich gibt es auch hier Lieder, die zwar gut gemeint, aber einfach schlecht getextet sind. Aber wer in dem Meer von modernen Lobpreisliedern sucht, wird entdecken, dass auch viele mit beeindruckend guter und brillanter Sprache vorhanden sind. Es gibt auch Texte mit Schliff, Tiefgang und einer sauberen biblischen Theologie. Es gibt etliche Liederdichter, die gründlich arbeiten und lange an ihren Texten feilen. Als Pastor bin ich von Herzen dankbar für solche Men-

Kapitel 2 · Ein Gang durch die Geschichte der Kirche

schen und ihre Arbeit. Sie geben uns mit ihren Liedern die Möglichkeit, unseren Glauben in unserer Sprache zu singen.

Ein Beispiel für ein sehr gelungenes Lied, das einen weiten Bogen vom AT zum NT spannt, ist für mich das Lied von Albert Frey, «Siehst du das Lamm?»:

Siehst du das Lamm in jener Nacht?
Sein Blut an Türen angebracht.
Es rettet vor des Todes Hand.
Das Volk kann ziehn in neues Land.

Siehst du das Lamm dort am Altar?
Des Volkes Schuld von einem Jahr
liegt nun auf ihm, es kauft sie los,
das Opferlamm, so makellos.

Siehst du das Lamm dort an dem Kreuz?
Bezahlt den höchsten Liebespreis.
Es trägt die Last der ganzen Welt,
von Leid und Schmerzen ganz entstellt.

Siehst du das Lamm dort auf dem Thron?
Der Vater gibt die Macht dem Sohn,
denn würdig ist allein nur er.
Die Völker singen: «Heilig, Herr.»

Wir beten an, wir beten an,
wir beten an das Gotteslamm.

Siehst du das Lamm auf seinem Arm?
Der gute Hirte hält es warm.
Er ließ die Neunundneunzig stehn.
Es soll ihm keins verloren gehn.

Leider gibt es auch Lieder, die alles einnivellieren; Lieder, die zu undifferenziert, ja einfach zu platt und unreflektiert sind.

Aber solche Lieder müssen wir ja nicht singen! Niemand kann uns vorschreiben, was wir singen sollen. Hierüber sollte ein offener Diskurs in der Gemeinde möglich sein.

Wenn Menschen in unseren Gottesdienst kommen, sollten sie unserem Singen abspüren, dass wir Gott loben, nicht weil das im Programm steht, sondern weil wir seine Machttaten erfahren und seine Herrlichkeit geschaut haben. Sie sollten spüren, dass Singen «unter die Haut gehen» kann, weil wir begeistert sind von unserem Herrn und Gutes von unserem Vater zu sagen haben. Ob man das hören wird?

In Psalm 118,15 steht der Satz: «Man singt mit Freuden vom Sieg in den Hütten der Gerechten.»[c] Haben wir eine Ahnung, wie das klingt? Nun leben wir wohl kaum in Hütten, aber singen wir noch vom Sieg? Und das auch noch mit Freude? Oder kommt das alles von der CD? Ich meine, dass es da einen deutlichen Unterschied zu hören gibt zwischen «singen», «mit Freuden singen» und «mit Freuden von einem Sieg singen»! Ob man diesen Unterschied bei uns wohl hört? Ich würde mir das von Herzen wünschen!

Kapitel 3

Wie Anbetung mich verändert

Kapitel 3 · Wie Anbetung mich verändert

Wir können ganz bestimmt nicht immer lobpreiszentriert leben. Und doch kann eine Haltung der Anbetung durch «Inseln der Anbetung» im Alltag konkret werden. Auf solchen Inseln können wir innehalten, um den Grundton unseres Lebens neu zu stimmen. Und überhaupt: Leute, die ständig Lobpreislieder singen und eine Art von Dauer-Anbetung anstreben, gehen mir eher auf die Nerven. Sie ignorieren meiner Meinung nach sogar die Tatsache, dass man angesichts dessen, dass die Welt nun mal ist, wie sie ist, nicht permanent Lobpreislieder singen kann. Sie sind sich dessen einfach nicht bewusst, dass fast zwei Drittel der Psalmen Klagelieder sind. Und so drängt sich die Frage auf: Was geschieht mit uns, wenn wir Gott anbeten? Wie verändern Inseln der Anbetung und des Lobpreises meine Alltagsmelodie?

Stormie Omartian schreibt in ihrem Buch *Das Gebet, das alles verändert*[34]: «Wenn wir Gott loben und anbeten, umgibt er uns mit seiner Gegenwart. Das Erstaunlichste daran ist: Wenn das geschieht, verändert sich etwas. Immer! Darauf können wir uns verlassen: Was sich verändern muss, verändert sich. Damit können Sie rechnen! Herzen öffnen sich. Situationen werden umgedreht. Ganze Lebensläufe erfahren eine Kehrtwende. Denk- und Verhaltensweisen, die Menschen gefangen halten, brechen auf. … Lobpreis heißt das Gebet, das alles verändert.»

Das klingt gut. Mir ist es fast ein bisschen zu dick aufgetragen. Aber eins glaube ich auch: dass Anbetung etwas verändert. Und es ist eine legitime Frage, was Anbetung denn bewirkt, obwohl es eigentlich die falsche Frage ist, weil Anbetung ja unsere Gedanken und unsere Seele ganz von uns selbst weg auf Gott hin lenken soll. Wir kommen Gott nahe, einfach um ihm zu begegnen, und nicht, um selbst etwas zu bekommen. Nur: Kann ich Gott begegnen, ohne selbst verändert zu werden? Wohl kaum! Wir sehen also, die Frage, wie Anbetung mich verändert, stellt sich doch irgendwie unweigerlich. Darum gehe ich auch auf sie ein.

Stormie erzählt: «In jedem Gottesdienst, den ich besuchte,

veränderte der Lobpreis unser Leben. Obwohl wir gekommen waren, um Gott zu loben, wurden wir gesegnet, bevollmächtigt, bereichert, erfüllt und verändert. ... Ich kam, um Gott anzubeten, aber bei diesem Prozess veränderte Gott mich.»[35]

Was bewirkt Anbetung in unserem Leben? Was kann Anbetung in unserer Gemeinde auslösen, auch bei denen, die einfach in unseren Gottesdienst kommen und gar nicht genau einschätzen können, was dort geschieht? Ich wünsche mir, dass in unserer Gemeinde passiert, was Paulus den Korinthern als seine Vorstellung von einem Gottesdienst beschreibt (1. Korinther 14,24–25[e+a]): «Wenn ... ein Neuling, der noch nicht glaubt, [in euren Gottesdienst] hereinkommt, wird ihn alles, was er hört, von seiner Schuld überzeugen und in seinem Gewissen treffen. Was er bis dahin sich selbst nie eingestanden hat, wird ihm jetzt plötzlich klar. Er wird auf die Knie fallen, Gott anbeten und bekennen: ‹Gott ist wirklich mitten unter euch!›»

Als ich dieses Wort im 1. Korintherbrief gelesen habe, hat es in mir die Sehnsucht geweckt, dass wir mehr und mehr zu einer freien und ungezwungenen Art, Gott anzubeten und zu verkündigen, zurückkehren. Damit auch derjenige, der noch weit weg ist von Gott, keinen Zweifel mehr hat, dass der lebendige Gott gegenwärtig ist.

Auf diese Weise gewinnt das Thema Anbetung eine weitere Dimension, und dies zeigt seine Brisanz. Es ist ohne Zweifel mit starken Emotionen besetzt. Denn da werden nicht nur Fronten aufgebaut und Koalitionen gebildet, da wird auch schnell – seien wir ehrlich – in Schubladen sortiert. Anbetung: Wie und ob überhaupt? In welcher Form? Was ist angemessen? Was wird akzeptiert? All das sind Fragen, die häufig zu unsachlichen und wenig fruchtbaren Auseinandersetzungen reizen. Ein Grund dafür ist, dass bestimmte Bibelstellen aus ihrem Zusammenhang gerissen werden und daraus ein ganzes Lehrgebäude gezimmert wird.

Eine davon ist Psalm 22,4: «Du aber bist heilig, der du thronst über den Lobgesängen Israels.»[b] In vielen Gemeinden

Kapitel 3 · Wie Anbetung mich verändert

wurde auf dieser Stelle – in Ermangelung besserer Anleitung und Lehre – eine ganze Lobpreis-Theologie aufgebaut.[36] Sie folgt etwa der Logik: Ich möchte Gott nahe kommen und ihn erfahren. Da Gott über den Lobgesängen Israels wohnt – und das sind in der Realität des neuen Bundes die Lobgesänge aller Christen, die Jesus als ihren Herrn bekennen –, sollten wir in der Gemeinde Gott mit voller Hingabe preisen, damit er über unserem Zusammenkommen thront und wir ihm ganz nahe kommen.

Es ist natürlich richtig, dass der Lobpreis ungemein helfen kann, sich auf Gott zu konzentrieren und sich für sein Wirken zu öffnen. Denn im Betrachten der Größe Gottes und seiner Möglichkeiten liegt eine enorme Kraft.

Aber es geht hier zunächst um etwas Grundsätzliches: Bei der gerade geschilderten Sichtweise werden nämlich Lobpreis und Anbetung als Mittel eingesetzt, um die Gegenwart Gottes herbeizubeten. Nicht selten wird ein Automatismus vorausgesetzt: Je mehr wir Gott preisen, desto näher kommt er unserer Gruppe. Je länger unsere Zeiten der Anbetung sind, desto tiefer wird Gott uns berühren. Dabei befindet sich dann irgendwann nicht mehr der lebendige Gott im Vordergrund, der unseren Lobpreis und unsere Anbetung verdient wie kein anderer, sondern das Ziel, von ihm berührt zu werden. Und dann stehen wir in der Gefahr, uns zu verkrampfen und den Lobpreis zu benutzen, um unser Ziel zu erreichen.

Die Sicht der biblischen Autoren ist viel entspannter. Schon David sagt in Psalm 139,3–6: «Ich gehe oder liege, so bist du um mich … Von allen Seiten umgibst du mich und hältst deine Hand über mir. Diese Erkenntnis ist mir zu wunderbar und zu hoch; ich kann sie nicht begreifen.»[c] Wenn wir davon ausgehen, dass wir Gottes Gegenwart nur im Lobpreis um uns haben, dann ist das eine sehr eingeschränkte Sicht. Christus lebt schließlich in mir, er geht mir voran, er hält seine Hand über mir, wie es bildhaft in der Bibel heißt. Christus lebt in uns, sein Geist ist in uns. «Denkt also daran, dass ihr

Gottes Tempel seid und dass Gottes Geist in euch wohnt!» (1. Korinther 3,16ª).

Paulus sagt, dass wir schon in Christus sind und dass wir Anteil an allem haben, was er hat. Wie seltsam wirkt da die Vorstellung, wir müssten Gott vom Himmel «herabloben» und seine Gegenwart «herbeipreisen» und ihn unter fortlaufendem Lobpreis bitten, seine Gnade nicht von uns zu nehmen! Gott ist in Christus untrennbar mit uns verbunden. Wir sind der Leib Christi geworden. Gott wohnt in uns und umgibt uns, was auch immer wir tun: Ob wir entspannen, essen, Stress haben, bitten oder danken, ob wir weinen oder lachen. Gott ist da!

Lobpreis und Anbetung helfen uns Tag für Tag, in eben dieser Realität zu leben – dass Gott gegenwärtig ist – und genau *das* nicht aus dem Blick zu verlieren. Lobpreis und Anbetung sind aber weder die Bedingung dafür noch das «Sesam-öffne-dich» zum Allerheiligsten.

Sicherlich ist Anbetung das Höchste, was ein Mensch tun kann! Denn Anbetung heißt, bewusst in die Gegenwart Gottes zu treten. Ganz auf Gott den Vater und auf Jesus ausgerichtet zu sein, das ganze Leben ihm entgegenzustrecken. Doch wie geht das? Ich denke, dass dies weder auf Befehl noch in einer fest vorgegebenen Form sonntagsmorgens um 10.00 Uhr funktioniert. Schließlich kommen wir mit so vielen unterschiedlichen Erwartungen und Erfahrungen zu einem Gottesdienst und müssen irgendwie innerlich andocken können. Und doch habe ich die tiefe Überzeugung, dass Gottes Geist und sein Reden – ob durch ein gesprochenes oder ein gesungenes Wort oder durch Stille – dieses menschlich gesehen fast Unmögliche möglich machen kann: nämlich dass Gott unser Herz berührt.

Anbetung ist ein Kernthema unseres Lebens. Immer wieder stellt sich die Frage: Wem gehört mein Herz? Wem gehört die Herrschaft? Wer ist mein Herr? Vor wem beuge ich mich?

Solange wir noch nicht «im Himmel» sind, bleibt das eine heiß umkämpfte Frage. Die Bibel sagt: Alles, was geschaffen

Kapitel 3 · Wie Anbetung mich verändert

wurde, ist dazu bestimmt, allein Gott, den Herrn, anzubeten (vgl. Römer 1,19ff.). Außerdem wird in der Offenbarung des Johannes erzählt, dass die ganze Menschheitsgeschichte auf die Entscheidung zuläuft, wer «das Tier» oder wer Gott anbetet bzw. das Lamm Gottes (vgl. Offenbarung 13 und 14). Die ganze Menschheit betet einmal an. Die Frage ist nur: Wen? Wen beten wir an?

Im Buch Daniel begegnen wir drei jungen Männern, die vor dieser Frage standen. Sie waren nicht bereit, vor einer goldenen Statue niederzuknien und sie anzubeten, auch wenn es sie das Leben kosten würde. Jedes Mal, wenn ich diese Geschichte lese, bewundere ich ihre Entschlossenheit und ihren Mut. Und dann beschleicht mich die bange Frage: Und ich? Wie hätte ich in dieser Situation reagiert? Sie besaßen jene Kühnheit und einen Glaubensmut, mit dem sie einem zu allem entschlossenen Herrscher entgegentreten und antworten konnten: «Unser Gott, dem wir dienen, kann uns aus dem Feuer und aus deiner Gewalt retten. Aber auch wenn er es nicht tut, musst du wissen, o König, dass wir nie deine Götter anbeten oder uns vor der goldenen Statue niederwerfen werden» (Daniel 3,17–18[a]). Schadrach, Meschach und Abednego, so hießen die drei Freunde, hatten für sich die Frage geklärt, wen sie anbeten wollen.

Anbetung hat immer mit Wertschätzung zu tun. Wir ehren das, was Wert und Würde besitzt. Johannes schreibt in Offenbarung 4,11: «Dich, unseren Herrn und Gott, beten wir an. Du allein bist würdig, dass wir dich ehren und rühmen, uns deiner Macht unterordnen. Denn du hast alles erschaffen.»[a]

Wer Gott anbetet, erlebt Veränderung; der erfährt, dass etwas mit ihm und in ihm vorgeht. Das geht nicht, ohne dass wir bereit sind, einen Preis dafür zu bezahlen. Denn Anbetung war im AT immer mit Opfern verknüpft, etwas musste sterben.[37] Wir können Gott nicht anbeten, ohne dass auch in uns etwas sterben muss. Selbstverliebtheit, der eigene Hochmut, Unversöhnlichkeit, Geist- und Lieblosigkeit sind solche Anbetungsblockaden, und die müssen sterben.

Es geht nicht um mich, sondern um Gott

Was wir anbeten, das verherrlichen wir. Das ist einfach so. Wenn wir Gott anbeten, geht es nicht in erster Linie darum, was dabei für uns herauskommt. Es geht nicht darum, dass unsere Gefühle auf ihre Kosten kommen. Es geht nicht um meine Stimmung und meine Seelenlage. Wir fordern nicht, wir verehren, wenn wir anbeten! Anbetung ist kein Egotrip.

Pastor Rick Warren sagt: «Den Fehler, den Christen heutzutage bei der Anbetung am häufigsten machen, ist, dass sie nach einer Erfahrung suchen anstatt nach Gott selbst. Sie sind auf der Suche nach einem Gefühl, und wenn es dann geweckt wird, sind sie überzeugt, dass sie nun Gott richtig angebetet haben. Aber das ist falsch. In Wirklichkeit nimmt Gott uns sogar oft unsere Gefühle, damit wir nicht von ihnen abhängig werden. Ein Gefühl erzeugen zu wollen, selbst das Gefühl der Nähe Gottes, ist nicht gleichbedeutend mit Anbetung.»[38]

Anbetung verherrlicht Gott, weil uns im Nachdenken über die Größe und Liebe Gottes das Herz aufgeht und wir Gott preisen und rühmen.

Offenbarung 5,12: «Würdig ist das Lamm, das geschlachtet worden ist, zu empfangen die Macht und Reichtum und Weisheit und Stärke und Ehre und Herrlichkeit und Lobpreis.»[b] Anbetung verherrlicht Gott! Wer anbetet, deklamiert die größte Bewunderung für Jesus und sein Erlösungswerk. Anbetung ist mehr als danken, denn danken steht immer in Verbindung mit dem, was wir selbst empfangen haben oder geworden sind. Anbetung ist die höchstmögliche Bewunderung für den Vater und den Sohn. Wer das tut, hat sicherlich auch einen emotionalen Gewinn, das heißt, es baut ihn auf, die Gegenwart Gottes verändert ihn, denn sie lässt das Kleine klein werden und das Große groß.

Das Vergessen Gottes fängt immer damit an, dass das Lob verstummt. Darum betet David: «Lobe den Herrn meine Seele und vergiss nicht, was er dir Gutes getan hat» (Psalm 103,2[c]). Wer vergesslich wird oder vergessen möchte oder nicht erinnert werden will, dessen Lobesmelodie wird immer leiser, immer undeutlicher. Wir können von Gott sprechen und ihn doch längst vergessen haben. Luther sagt: «Anbeten heißt, sich zu Gott wenden ... sich seiner Wohltaten erinnern und sie rühmen.»

Kluge Menschen können über Gott nachdenken, ihn aber – als lebendige Realität – längst verdrängt haben. Wenn wir Gott anbeten, dann offenbart das eine lebendige und tiefe Beziehung zu ihm. Anbetung verherrlicht Gott!

Anbetung verändert meine Haltung

In den Augenblicken, in denen wir uns dem allmächtigen Gott zuwenden, werden wir davon erlöst, uns nur um uns selbst zu drehen. Es hilft uns, loszukommen von der Fixierung auf uns und unsere Probleme. Anbetung verändert meine Haltung zu mir selbst, zu den Menschen, mit denen ich zu tun habe, und zu Gott.

Ich denke, wir alle halten uns viel lieber bei Menschen auf, die viel loben und Positives sagen, als bei Typen, die ständig jammern und klagen. Wer nichts zu loben hat, ist ein armer Tropf. Wo das Lob Gottes fehlt, entsteht eine kranke und krankmachende Atmosphäre. Anbetung verändert unsere Einstellung im persönlichen Leben, genauso wie in der Gemeinde. In einer Gemeinde, die gemeinsam anbetet, gedeihen ungute Dinge wie Neid, Anspruchsdenken, Unzufriedenheit und Bitterkeit sehr schlecht.

Anbetung «befestigt» meinen Glauben

Keiner von uns glaubt so souverän, so fest und unerschütterlich, dass sein Glaube nicht immer wieder neu «festgemacht» werden müsste. Wenn Jesus zu Petrus sagte: «Ich aber habe für dich gebeten, dass dein Glaube nicht aufhöre» (Lukas 22,32ᶜ), dann ist für uns alle ersichtlich: Unser Glaube *ist* angefochten. Er *kann* sich verflüchtigen und verflachen. Darum muss der

Glaube von Zeit zu Zeit neu «befestigt» werden. Und wie könnte das besser geschehen, als wenn wir Gott anbeten und uns vor ihm beugen?

Ich bitte Gott, dass er mit seinem Licht alle Dunkelheit ausleuchtet und zu mir spricht, denn an unserem Vertrauen und unserer Gottesbeziehung zerren so viele unbändige Kräfte. Manche schütteln uns, wir nehmen sie wahr. Andere arbeiten ganz subtil, im Untergrund. Unsere eigene Bequemlichkeit und unsere vermeintliche Glaubensroutine können solche Kräfte sein. Wir merken es meistens erst, wenn der Schaden schon groß ist. Paulus macht in Epheser 6,10ff. klar, dass wir nicht nur in Auseinandersetzungen mit Menschen stehen, die anders denken und empfinden, sondern dass hinter diesen Menschen und hinter manchen Konflikten Mächte der Finsternis stehen. Deshalb sagt Paulus: «Werdet stark im Herrn und in der Macht seiner Stärke!»[b]

Anbetung verzurrt meinen Glauben, indem sie den feindlichen Kräften entgegenwirkt. Anbetung heißt, in der Nähe Gottes Dinge festmachen; mich und mein Leben in das Licht Gottes stellen, neu gewiss werden. Zeiten der Anbetung sind wie Ankerplätze. Mein Glaubensschiff darf ausruhen, neu auftanken, da kann «klar Schiff» gemacht werden, bevor ich wieder auf Fahrt gehe und Wind und Wellen an mir zerren.

Als Abraham, der Freund Gottes, seinen lange ersehnten Sohn Isaak opfern sollte, mutete Gott ihm im Grunde etwas Unmenschliches zu. Was wird in seinem Kopf für ein Gedankenchaos gewesen sein, als er mit seinem Jungen drei Tage lang unterwegs zur Opferstätte war? Als er schließlich seine zwei Knechte bittet, zurückzubleiben, tut er das mit folgenden Worten: «Der Junge und ich gehen auf den Berg, um Gott anzubeten; wir sind bald wieder zurück» (1. Mose 22,5[a]).

Abraham konnte die schwerste Prüfung seines Lebens als eine Form der Anbetung betrachten. Und das heißt: Ich gebe alles hin, was ich habe; ich bin bereit zu gehorchen, koste es mich, was es wolle. Anbetung gibt meinem Glauben Stärke.

Wir lesen in Römer 4,20, dass Abraham im Glauben gestärkt wurde, weil er Gott die Ehre gab.

Anbetung verwandelt meine Angst

Während meiner ersten Jahre als Pastor stieß ein junger Christ zu unserer Gemeinde, der gerade durch schwierige Zeiten gehen musste. Er war nur kurze Zeit verheiratet gewesen, als er herausfand, dass seine Frau ihn mit einem Arbeitskollegen betrog. Diese Erfahrung versetzte ihm einen solchen Schock, dass er in eine tiefe Depression stürzte und in psychiatrische Behandlung kam. An einem Sonntagmorgen kam er nach dem Gottesdienst zu mir und sagte Folgendes: «Stefan, als du heute über diesen Lobpsalm gepredigt hast und gesagt hast, welche Kraft das Lob Gottes in unserem Leben hat, und als wir in der Anbetungszeit Gott gemeinsam angebetet haben, habe ich gespürt, wie sich meine Angst, wieder in ein Loch zu fallen, löste und wie meine innere Unruhe einer Ruhe und Gelassenheit Platz machte.» Dieser Mann hatte noch einen langen und schwierigen Weg vor sich. Als ich ihn einmal in der Klinik besuchte, erzählte er mir von einer ähnlichen Erfahrung: Dass ihm besonders die Lobpreiszeiten in der Klinik halfen, seine Angst zu überwinden.

Anbetung verarbeitet unsere Angst. Wir alle kennen Phasen aus unserem Leben, in denen wir Angst hatten. Auch mutige und unerschrockene Naturen kennen Angstgefühle!

Das Buch Hiob berichtet von einer integeren Persönlichkeit, die auf einen Schlag alles verlor, was sie besaß. Hiob konnte nicht begreifen, warum ihn dieses Unglück traf. Seine Zukunft war zerstört. Und doch wird von einer außergewöhnlichen Reaktion berichtet: «Da stand Hiob auf, zerriss sein Obergewand und schor sich den Kopf, dann fiel er auf die Erde und betete an: Nackt bin ich zur Welt gekommen, und nackt verlasse ich sie wieder. Herr, du hast mir alles gegeben, du hast mir alles genommen, dich will ich preisen» (Hiob

1,20–21[a+b]). Hiobs Reaktion passt in keines unserer Erklärungsmuster. Am absoluten Nullpunkt betet er an.

Anbetung ist mehr als Autosuggestion. Anbetung verändert auch Dinge, die nicht im Einwirkungsbereich unserer Psyche stehen. Als Paulus und Silas im Kerker von Philippi saßen, verarbeiteten sie in der Nacht ihre Angst und ihre Fragen: «Wie wird das weitergehen?», indem sie Gott anbeteten.

Anbetung verwurzelt meine Freude

Der Anblick von Menschen, die nur steif und still zusammensitzen, lässt vermuten, dass ihr geistliches Leben auch sehr steif, still und festgefahren ist.

Anbetung hat tatsächlich das Potenzial zur Ermutigung. Anbetung verwurzelt meine Freude! Diese Tatsache macht den Lobpreis natürlich auch zu einer skeptisch beäugten Angelegenheit. Manchem geht es mit solch einer freudigen Ausgelassenheit wie Davids Frau Michal (2. Samuel 6,14–20), die nur beißende Spottworte für den Tanz ihres Mannes vor der Bundeslade fand. Eine gesunde Balance, die es zulässt, dass man sich mit den Fröhlichen freut und mit den Traurigen weint (Römer 12,15), sollten wir uns bewahren. Dass Freude nicht nur in einer ausgelassenen und fröhlichen Atmosphäre, sondern auch im Leiden vertieft werden kann, das ist eine immer wieder zu machende Erfahrung.

In dem Lied aus dem 16. Jahrhundert: «In dir ist Freude in allem Leide», heißt es: «Wenn wir dich haben, kann uns nicht schaden Teufel, Welt, Sünd oder Tod; du hast's in Händen, kannst alles wenden, wie nur heißen mag die Not. Drum wir dich ehren, dein Lob vermehren mit hellem Schalle, freuen uns alle zu dieser Stunde. Halleluja. Wir jubilieren und triumphieren, lieben und loben dein' Macht dort droben mit Herz und Munde. Halleluja.»[39]

Wir haben überlegt, wie «Inseln der Anbetung» eine Grundmelodie des Lobpreises in unseren Alltag bringen, selbst wenn

Kapitel 3 · Wie Anbetung mich verändert

wir die Probleme dieser Welt und die Fragen unseres Lebens nicht befriedigend beantworten können.

Zuerst: Wenn wir anbeten, geht es nicht um uns, sondern um Gott. Anbetung verherrlicht Gott! Es geht nicht um den Lobpreis als solchen. Es geht auch nicht um ein bestimmtes Gefühl. Es geht auch nicht um den satten Sound der Lobpreisband. Es geht definitiv um Gott, um ihn allein! Wenn ich das begriffen habe, dann kann ich spüren, wie krass Anbetung auch meine Haltung verändert.

Diese Veränderung speist sich weder vorrangig aus Wissen noch durch neue Methoden. Auch nicht unbedingt aus Erfahrungen, sondern durch Anbetung des einzigen und unvergleichlichen Gottes, der mir in Jesus Christus sein Gesicht gezeigt hat, wird meine Haltung verändert! Darum befestigt auch Anbetung meinen (Klein-)Glauben! Denn in der Nähe Gottes werden Dinge festgemacht, die keine Theologie, kein noch so pfiffiges Seminar, weder unser Pastor noch unsere Kleingruppe für uns festmachen können.

Selbst wenn wir einen festen Glauben haben, müssen wir noch mit Angst umgehen. Auch dabei ist Anbetung ein Schlüssel. Denn Anbetung verarbeitet meine Angst! Anbetung verarbeitet anders als die Psychologie, sie wirkt auch anders auf meine Angst als jede adäquate Therapie. Anbetung verarbeitet tatsächlich deine Angst. Wo Angst verarbeitet wird, kann Freude Wurzeln schlagen. Anbetung verwurzelt meine Freude! Nicht großartige Visionen, nicht Erlebnisse und Highlights irgendwelcher Couleur, sondern Anbetung verwurzelt deine Freude.

Anbeten ist das Höchste, was ein menschliches Geschöpf tun kann. Entdecke selbst, wie viel die Anbetung in deinem Leben verändern kann!

Kapitel 4

Anbeten heißt: Gott lieben

Kapitel 4 · Anbeten heißt: Gott lieben

Der Priester und Universitätsprofessor Henri Nouwen machte nach Lehrtätigkeiten an Elite-Universitäten und der Veröffentlichung von sechzehn eigenen Büchern in seinem Leben einen unglaublichen Schnitt. Er zog in eine Gemeinschaft für körperlich und geistig schwerstbehinderte Menschen in Toronto. Dort wurde er Hausseelsorger und pflegte einen jungen Mann, den inkontinenten, verkrümmten und unter schwerer Epilepsie leidenden Adam. Von außen betrachtet, mutet dieser Schritt Nouwens wie eine edle Tat an. Doch er tat dies, um zu lernen, wie man Gott liebt und seine Gegenwart im Herzen spüren kann.

Philip Yancey, der Nouwen in seinem Zuhause einmal besuchte, schrieb: «Ich muss gestehen, dass mir flüchtige Zweifel daran kamen, ob der Priester seine kostbare Zeit hier wirklich richtig nutzte. Ich hatte Henri Nouwen reden hören, hatte viele seiner Bücher gelesen und wusste, was er zu bieten hatte. Hätte sich nicht ein anderer um Adam kümmern können?»[40] Henri Nouwen zog sich von den prestigeträchtigen Orten Harvard und Yale zurück. Doch für ihn war es kein Abstieg, es war eine Bewegung auf ein inneres Zentrum hin. Dieser Schritt war eine Wende, um zu lernen, wie man Gott lieben kann und sich von ihm lieben lässt.[41]

Wie können wir Gott lieben? Es gibt darauf keine einfache Antwort, weil gemäß der Heiligen Schrift die Anforderungen dafür immens hoch sind. Sie sagt schlicht: «von ganzem Herzen, von ganzer Seele und mit all unserer Kraft» (5. Mose 6,5). Doch was heißt das? Ganz auf Gott ausgerichtet sein, das ist die Haltung der Anbetung, und unsere Anbetung braucht ein Zentrum der Konzentration. Dieses Zentrum ist der dreieinige Gott: Vater, Sohn und Heiliger Geist – ihn sollen wir lieben. Wir können nur das aus tiefstem Herzen anbeten, was wir lieben. Doch genau das fällt uns nach meiner Einschätzung schwer. Warum fällt es uns so schwer, Gott zu lieben? Oder betrachten wir das als eine Unterstellung? Ich will versuchen, darauf zu antworten. Der Ausgangspunkt für meine Überlegungen sind einige Stellen aus dem AT und dem NT.

5. Mose 6,5: «Du sollst den Herrn, deinen Gott, lieben mit deinem ganzem Herzen und mit deiner ganzen Seele und mit deiner ganzen Kraft.»[b]

1. Könige 3,3: «Und Salomo liebte den Herrn.»[b]

Psalm 18,2: [David:] «Ich liebe dich, Herr, meine Stärke!»[b]

Psalm 116,1: «Ich liebe den Herrn, denn er hörte meine Stimme, mein Flehen.»[b]

Psalm 145,20: «Der Herr bewahrt alle, die ihn lieben.»[b]

Sprüche 8,17: «Ich liebe, die mich lieben, und die mich eifrig suchen, werden mich finden.»

Matthäus 10,37: «Wer Vater oder Mutter mehr liebt als mich, ist meiner nicht würdig; und wer Sohn oder Tochter mehr liebt als mich, ist meiner nicht würdig.»[b]

Johannes 8,42: «Wenn Gott euer Vater wäre, so würdet ihr mich lieben, denn ich bin von Gott ausgegangen und gekommen.»[b]

Johannes 21,15: «Simon, ‹Sohn› des Johannes, liebst du mich mehr als diese? Er spricht zu ihm: Ja, Herr, du weißt, dass ich dich lieb habe.»[b]

Römer 8,28: «Wir wissen aber, dass denen, die Gott lieben, alle Dinge zum Guten mitwirken.»[b]

1. Korinther 2,9: «Was kein Auge gesehen und kein Ohr gehört hat und in keines Menschen Herz gekommen ist, das hat Gott denen verheißen, die ihn lieben.»

Kapitel 4 · Anbeten heißt: Gott lieben

1. Korinther 16,22: «Wenn jemand den Herrn nicht lieb hat, der sei verflucht!»[b]

1. Petrus 1,7–8: «Jesus Christus, den ihr liebt, obgleich ihr ihn nicht gesehen habt.»[b]

Jakobus 1,12: «Er wird den Siegeskranz des Lebens empfangen, den er denen verheißen hat, die ihn lieben.»

Die Autoren der Bibel thematisieren, dass wir Gott lieben sollen und können. Im Kern geht es sogar darum, einzig und allein Gott zu lieben (und unseren Nächsten wie uns selbst); diesen allmächtigen und ewigen Gott zu lieben von ganzem Herzen, von ganzer Seele und mit all unserer Kraft!

An meiner eigenen Biografie wurde mir deutlich, dass ich diese zentrale Forderung «Gott zu lieben» zwar nicht ignoriert, aber durch andere Forderungen ersetzt hatte. Diese Verschiebung fiel mir erst auf, als ich untersuchte, wie und wo die Bibel davon redet, dass wir Gott lieben sollen. Mir wurde deutlich, dass Anbetung, das völlige Ausgerichtetsein auf Gott, in meinem Leben eine armselige Sache ist. Wie oft bin ich eben doch auf Menschen ausgerichtet; darauf, dass ich glänze mit Leistung und Können.

Andererseits hat es mich begeistert, zu sehen, wie klar die biblischen Bücher, Mose, Josua, Richter, Könige, die Psalmen und Sprüche, die Evangelien, die Briefe des Paulus, Petrus, Johannes und Jakobus, davon reden, dass wir Gott lieben sollen! Sie sprechen denen viele Verheißungen zu, die Gott lieben. Mich hat das sehr nachdenklich gemacht, und ich habe in mein Leben geschaut und gefragt: Wo ist diese Liebe zu Gott?

Nun kommt ein großes Dilemma: Wir können das apostolische Glaubensbekenntnis aufsagen, das auf die apostolische Verkündigung des NT zurückgeht, ohne sagen zu müssen, dass wir Gott lieben. Die Gottesbeziehung wird hier auf eine Weise beschrieben, ohne das eigentliche Herzstück, «die Liebe», zu benennen. Wie kann das sein?

Ich denke, die Liebe zu Gott stieß und stößt auf allerlei Widerstand in der Kirche. Dieser Widerstand ist zum Teil verursacht durch die Abhängigkeit des Christentums von gewissen Philosophien. Aristoteles (384–322 v. Chr.) hatte einen großen Einfluss auf die christliche Theologie. Er lehrte, dass es für den Menschen unpassend sei, Gott zu lieben. Für ihn war Gott nicht ein persönlicher Gott, sondern die Ursache, der erste Beweger des Universums. Das ist ein Gedanke, der heute noch populär ist. Eine erste Ursache aber liebt man nicht.

Immanuel Kant, dessen Philosophie die Basis des modernen Protestantismus ist, nahm diesen Gedanken auf und sagte, wir könnten nur jemanden lieben, den wir mit unseren Sinnen wahrnehmen. Deshalb sei es unangemessen, Gott zu lieben.

Auch innerhalb der protestantischen Theologie gab es große Ressentiments gegenüber der Idee der Liebe zu Gott. Als Reaktion auf den mittelalterlichen katholischen Mystizismus ersetzten die Reformatoren die Liebe zu Gott durch den Glauben. Fortan wurde formuliert: «Wir glauben an Gott, wir lieben unseren Nächsten.»

Luther argumentierte, dass wir nicht versuchen sollten, Gott direkt zu erfassen, sondern wir sollten ihn in seinen irdischen Vertretern lieben: zum Beispiel in unseren Eltern oder in den politischen Autoritäten. Bezogen auf die politischen Autoritäten heute, klingt das beinahe wie ein schlechter Witz.

Durch diese Verwerfung einer direkten Liebe zu Gott wurde Luther zum Verbündeten seines anderweitigen Erzfeindes: Aristoteles. Der Großvater aller liberalen Theologie, Albrecht Ritschl, hielt es für ziemlich unangemessen, diese impertinente (also freche, anmaßende) und sentimentale Familiarität mit dem Heiland zu pflegen, die er so betont in der pietistischen Tradition wahrnahm. Er forderte vielmehr, dass wir uns als Diener betrachten, deren Position durch Respekt und Unterwerfung vor Gott charakterisiert sei. Die meisten prominenten Theologen des 20. Jahrhunderts folgten Schleiermacher und Ritschl: der frühe Barth, die Bultmann-Schule

Kapitel 4 · Anbeten heißt: Gott lieben

und Emil Brunner. Sie lehnten den Gedanken der Liebe des Menschen zu Gott ab. Brunners Formel war epochemachend: «Gott will im Nächsten geliebt sein», will heißen: nicht in ihm selber.

Das Resultat war die (immer noch populäre) Reduktion des Doppelgebotes der Liebe auf das einfache Gebot der Nächstenliebe. Wie stark ist das ganze Christentum noch von dieser Reduktion beeinflusst! Die Nächstenliebe wurde zu einem Ersatz für die Liebe zu Gott. Darum erschöpften sich weite Teile der Theologie und Predigt in platter Mitmenschlichkeit. Man achtete eben nicht darauf, dass Nächstenliebe nicht ein Ersatz für die Liebe zu Gott ist, sondern nur ein Ausdruck davon.

Vielleicht sind wir von dieser kurz skizzierten Entwicklung irgendwie alle infiziert. Meines Erachtens sind durch diese historischen Weichenstellungen und einseitigen Betrachtungsweisen die biblischen Linien verwischt worden. Wir müssen schlicht zurückkehren zu 5. Mose 6,5: «Du sollst den Herrn, deinen Gott, lieben von ganzem Herzen, von ganzer Seele und mit all deiner Kraft.»

Ein Teil unserer religiösen Sozialisation, meine eigene Geschichte, das Aufwachsen in freikirchlichen Kreisen, hatte vor allem im Fokus, Gott zu vertrauen und an ihn zu glauben – aber deutlich weniger, ihn zu lieben. Erschwerend kommt hinzu, dass wir oft unser «Wissen über den Glauben» mit Glauben verwechseln. Manche verwechseln auch Bibelwissen mit Glauben. In der Tat gibt es Menschen, die sich in der Bibel auskennen, aber keine Ähnlichkeit mit dem Gott der Bibel haben, weil sie ihn weder lieben noch anbeten und manchmal auch nicht bereit sind, sich vor ihm zu beugen.

Aus meiner Erinnerung heraus muss ich heute sagen, dass es in der Gemeinde, in der ich aufwuchs, sowohl bei meinen Sonntagsschullehrern als auch den Pastoren, eher darum ging, mir zu helfen, an Gott und die Bibel zu glauben, als diesen Gott innig zu lieben. Natürlich hat das eine mit dem anderen zu tun, und trotzdem ist die davon ausgehende tiefe Prägung eine sehr einseitige. Gut möglich, dass es manchem von uns ähnlich ergangen ist. Selbstverständlich bin ich meinen Sonntagsschultanten, Jungscharleitern und Pastoren trotzdem dankbar. Sie waren eben auch Kinder ihrer Zeit.

Umso mehr halte ich es darum für wichtig, den Blick ganz neu auf unsere Liebe zu Gott zu richten. Und ich frage uns, können wir vorbehaltlos sagen: «Ich liebe dich, Herr Jesus»? Können wir vorbehaltlos und innerlich frei das Anbetungslied singen: «Ich lieb dich, Herr, keiner ist wie du, anbetend neigt sich mein Herz dir zu»? Oder ist uns das zu sentimental? Unsere Liebe zu Gott ist eine Antwort, eine Erwiderung, eine Reaktion auf Gottes Liebe.

So hat es der Apostel Johannes formuliert: «Lasst uns lieben, denn er hat uns zuerst geliebt» (1. Johannes 4,19 c). Dieser knappe Satz bringt sowohl die Voraussetzung (Gott hat uns geliebt) als auch die Folge (wir lieben Gott) zum Ausdruck. Gott liebt uns nicht unter einer Bedingung, aber mit der Erwartung, dass wir seine Liebe erwidern. Das passiert aber offensichtlich nicht automatisch. Johannes fordert uns dazu auf: «Lasst uns lieben!»

Schon in den Zehn Geboten verspricht Gott denen seinen Segen, die ihn lieben: «… der Güte erweist, auf Tausende hin, an denen, die mich lieben und meine Gebote beachten» (2. Mose 20,6). Das Echo davon klingt nach in Deborahs Lied: «Die ihn lieben werden sein wie die Sonne, die aufgeht in ihrer Kraft» (Richter 5,31).

Was für eine Verheißung! Wenn mein Leben nur eine kleine Spur davon hätte … nicht auszudenken. Wenn die Sonne aufgeht und mit ihren Strahlen eine Landschaft oder das Meer in herrliches Licht taucht – dann geht einem das Herz auf und wir können lieben und anbeten. Sowohl in 2. Mose 20 als auch im Richterbuch wird von denen gesprochen, die Gott lieben, und nicht von denen, die an ihn glauben. Für den, der das jetzt für überspitzt hält, füge ich hinzu, dass Jakobus einmal sagt: «Auch die Dämonen glauben und zittern» (2,19 b). Es gibt viele, die glauben, aber nicht lieben. Die Frage ist: Lieben wir

Kapitel 4 · Anbeten heißt: Gott lieben

Gott? Wenn wir ihn lieben, möchten wir ihn nämlich auch anbeten.

In den Psalmen, diesen alten inspirierten Liedern, findet sich ein tiefer Ausdruck der Liebe des Menschen zu Gott. «Herzlich lieb habe ich dich, Herr, meine Stärke!» (Psalm 18,2ᶜ). Und wenn Menschen ihre Liebe Gott gegenüber ausdrücken, beten sie an.

Die Evangelien beleuchten durch das, was sie von Jesus berichten, dass unsere Liebe und *nicht* die religiöse Genauigkeit das richtige und entsprechende Verhältnis des Menschen zu Gott darstellt. Denn die, die es mit der Religion sehr genau nahmen, wurden von Jesus am heftigsten kritisiert. Jesus sagt, dass es wichtiger ist, Gott zu lieben, als Genauigkeit beim «Verzehnen» der Gewürzkräuter zu üben. Lukas 11,42: «Ihr gebt selbst von den Küchenkräutern den zehnten Teil, aber Gerechtigkeit und die Liebe zu Gott sind euch gleichgültig.» Wenn wir unsere äußere Frömmigkeit bis ins Einzelne an unmöglichen Nebensächlichkeiten ausrichten, während unsere Liebe zu Gott im Inneren bereits erkaltet ist, sind wir auch nicht fähig zu lieben, geschweige denn anzubeten.

Jesus offenbart uns in erster Linie einen liebenden Gott. Er hat die frommen Juden seiner Zeit, die es nicht gewagt haben, den Namen Gottes auszusprechen, in eine Art Schockzustand versetzt, als er Gott mit dem aramäischen Wort «Abba» anredete, was so viel wie «Papa» heißt. Uns schockiert diese Intimität nicht, weil wir es im Vaterunser genauso tun, aber bevor Jesus kam, wäre niemand auch nur auf den Gedanken gekommen, Jahwe, den souveränen Herrn des ganzen Universums, so zu nennen. Niemand im ganzen AT redete Gott als «Vater» an; Jesus tat es 170 Mal (nach der Überlieferung des NT).[42] Jesus zeigt uns einen liebevollen Vater, besonders eindrücklich in seinem Gleichnis vom verlorenen Sohn. Kämen wir von alleine darauf, dass Gott uns liebt und sich danach sehnt, geliebt zu werden?

Wenn wir in einer christlichen Tradition aufgewachsen sind, erfassen wir sehr wahrscheinlich nicht das Schockierende daran. Aber mit Liebe hatte man bisher nie bezeichnet, was zwischen einer Gottheit und einem Menschen ablief. Kein einziges Mal nennt der Koran Liebe als Eigenschaft Gottes.

Die Bibel stellt Gott vor als einen Gott, der seine Schöpfung und seine Geschöpfe liebt. Gott *liebt!* Das ist die wichtigste Botschaft der Christen. Paulus unterstreicht das. Die Liebe Gottes wurde ausgegossen in unsere Herzen durch den Heiligen Geist (Römer 5,5). Darum können wir Gott auch lieben und anbeten, denn der Geist lässt uns Gott anbeten, indem wir rufen: «Abba, lieber Vater!» (Römer 8,15c; Galater 4,6c).

Weiter betont Paulus in 1. Korinther 13, dass unsere Liebe zu Gott mehr wert ist als alles Wissen und alle Erkenntnis. Unsere Erkenntnis ist ohnehin nur bruchstückhaft, und nur eins wird bleiben: die Liebe. Und ohne Liebe ist alles nichts. Erkenntnis kann paradoxerweise eine Quelle von Stolz sein, eine Ursache der Entfremdung von Gott. Sie kann eine Person «aufgeblasen» erscheinen lassen. Ein Mensch, der Gott liebt, darf im Vertrauen leben, dass ihm alles, jeder Schicksalsschlag, auch zum Guten mitwirken muss. Römer 8,28: «Wir wissen aber, dass denen, die Gott lieben, alle Dinge zum Guten mitwirken.»b Denen, die Gott lieben, wird manches schon auf dieser Erde geschenkt. Aber das Schönste kommt für uns noch: «Was kein Auge gesehen und kein Ohr gehört hat und in keines Menschen Herz gekommen ist, was Gott denen bereitet hat, die ihn lieben» (1. Korinther 2,9b). Bist du eine Liebende, bist du ein Liebender?

Im Gegensatz zu Immanuel Kant gratuliert Petrus denen, die Jesus Christus lieben, obwohl sie ihn noch nicht gesehen haben (1. Petrus 1,8). Paulus verspricht in Epheser 6,24 all denen die Gnade Gottes, die Christus wirklich lieben. Er geht sogar so weit, dass er sagt, die Liebe zu Gott ist entscheidendes Kriterium der Mitgliedschaft in der Gemeinde: «Wenn jemand den Herrn Jesus nicht lieb hat, der sei verflucht!» (1. Korinther 16,22). Hier steht das Wort ἀνάθεμα (anathema), das heißt auch «ausgeschlossen».

Kapitel 4 · Anbeten heißt: Gott lieben

Würden wir diese klare Aussage wirklich zur Richtlinie machen, wie viele müssten wir aus unseren Gemeinden ausschließen? Ein hartes Wort. Das heißt, wir können uns also eigentlich nicht darauf berufen, dass wir einmal getauft wurden oder dass wir glauben, sondern wir müssten jeden fragen: Liebst du Jesus? Und Gott bzw. Jesus zu lieben bedeutet Hingabe. Darum muss sich jeder selbst kritisch prüfen und fragen: Halte ich nur irgendetwas für wahr, oder liebe ich Jesus von ganzem Herzen, mit ganzer Seele und mit all meinen Kräften?

Warum fällt es uns so schwer, Gott zu lieben? Ich habe gezeigt, dass es einige Antworten darauf gibt: etwa aus der Kirchen- und Theologiegeschichte, dass Philosophien, die eigentlich gegen biblische Aussagen stehen, viel Einfluss gewonnen haben.

Ich will noch eine weitere Antwort riskieren auf die Frage, warum es uns schwerfällt, Gott zu lieben. Wir haben versucht (und wir versuchen), unser Christsein von unseren Gefühlen zu trennen. Ich muss in meiner Biografie etwa 25 bis 30 Jahre zurückgehen. Ich erinnere mich noch gut, wie man uns als Teenagern erklärte, man könne den Glauben mit einem langen Zug vergleichen. Und dann wurde uns so ein Bild gezeigt: Vorne auf der Lok stand «Tatsache» oder «Wort Gottes», dann auf dem ersten Wagen «Glaube», und auf dem letzten Wagen stand «Gefühl». Diese Skizze brachte eine ziemlich deutliche Grundaussage rüber, die an sich völlig korrekt ist, nämlich dass unser Glaube sich auf Tatsachen, eben auf das Wort Gottes, stützt – und nicht auf Gefühle.

Trotzdem habe ich bei vielen, insbesondere bei der älteren Generation, den Eindruck, dass der Glaube zwar nicht auf Gefühlen basiert, was ja richtig ist; sondern weit mehr: Ihr Glaube darf offensichtlich nichts mit ihren Gefühlen zu tun haben. Es scheint so, als hätten viele diesen letzten Waggon einfach abgehängt. Darum hat man sich, auch in unseren Kreisen, besser mit der Formulierung «an Gott glauben» anstatt «Gott lieben» arrangieren können. Und genau hier ist der Knackpunkt. Viele kommen vor lauter Tatsachen und Glauben gar nicht mehr zum Lieben. Sie lassen keine Gefühle mehr zu.

Und jetzt gehe ich in meiner Biografie acht bis zehn Jahre weiter – immer noch mit «diesem Bild» von der Lok mit den Wagen im Kopf. Aus dem Teenager ist ein Student geworden. Damals beginne ich zu entdecken, in welch starkem Maß unsere Gemeinden gefühlsfreie Zonen sind.

Meine Dozenten, doch besonders meine amerikanischen Dozenten, erlebe ich in den Vorlesungen, in Seminaren, in unseren Andachten oder auch beim Predigen als Menschen, die auf beeindruckende Art und Weise ihre Gefühle zeigen. Sie faszinieren mich, weil ich sehe, wie sie zwei Dinge zusammenbringen, die ich bisher fein säuberlich getrennt habe: Herz und (Sach-)Verstand. Vor mir stehen Menschen, die glauben und die sich wissenschaftlich und sachlich mit ihrem Fachgebiet auseinandersetzen und dabei eine echte Liebe zum Wort Gottes, zu Jesus und zu ihren Studenten deutlich werden lassen.

Ich erinnere mich noch gut, wie sichtlich bewegt ein Dozent war, als er uns die hebräischen Worte «goel» (Erlöser) und «hesed» (Gnade) erklärte. Man konnte fühlen, dass er zu diesem Erlöser eine Beziehung hatte und dessen Gnade erfahren hatte. Selten hatte ich Pastoren erlebt, die innerlich so bewegt waren, wenn sie solche Worte in ihren Predigten erklärten. Manchmal war es auch die Art, wie jemand seine Liebe und Zuneigung zu seiner Frau ausdrückte, indem er einfach während der Andacht seinen Arm um sie legte. Irgendwie hatte die Teilnahme an dieser Andacht also auch mit ihren Gefühlen zu tun.

Eine solche natürliche Zugewandtheit zu dem Menschen, den man liebt, während man auf den Gott hört, den man liebt, hatte ich in meiner Freikirche eigentlich nie bei einem Pastor oder einem Ältesten im Gottesdienst wahrgenommen. Sie saßen im Gottesdienst gewöhnlich immer alleine ohne ihre Frauen, so als hätte «auf Gott hören und ihn anbeten» auch gar nichts mit ihrem Ehepartner zu tun, obwohl man sonst mit ihm durchs Leben geht.

Kapitel 4 · Anbeten heißt: Gott lieben

Darf man im Gottesdienst keine Gefühle zeigen? Vermag ein Gottesdienst uns denn tatsächlich weniger anzurühren als ein Film im Kino oder ein Konzert, wo viele doch wie selbstverständlich den Arm um ihren Partner legen? Geben wir im Gotteshaus unsere Gefühle an der Garderobe ab? Oder haben wir keine, die wir abgeben müssten? Manchmal verdichtet sich bei mir der Eindruck, dass diejenigen, denen Anbetung und Lobpreis im Gottesdienst suspekt sind, keine Gefühle zeigen wollen und können. Sie halten es offensichtlich für überflüssig.

Warum fällt es uns so schwer, Gott zu lieben? Warum sehe und spüre ich bei manchen überhaupt keine Gefühle, wenn sie behaupten, Gott zu lieben? Ich vermisse keine billige und aufgesetzte Sentimentalität, wie es sie in manchen Kreisen ohne Zweifel gibt. Das stößt mich eher ab. Ich vermisse das glaubwürdige Einssein, eine tiefe Übereinstimmung von Kopf, Herz und Seele – eben das, was 5. Mose 6,5 meint: «Gott lieben mit ganzem Herzen, von ganzer Seele und mit all deinen Kräften.»

Meine Beobachtungen sind natürlich keine beschlusskräftigen Beweise und Indizien, die zu ganz bestimmten Schlussfolgerungen zwingen. Es sind schlichte Aufspürungen, die mich erstaunt und zu ungewohnten Einsichten geführt haben. «Du sollst Gott, deinen Herrn, lieben von ganzem Herzen» – das Herz war der Sitz des Denkens, Fühlens und Entscheidens. «Von ganzer Seele» – das hebräische Wort «näfäsch» bedeutet Gurgel, Kehle. Das ist das Organ, aus dem wir herausschreien und in das wir hineinschütten; das Organ, das den Durst nach Leben symbolisiert. «... von ganzem Verstand.» Ja, Lieben hat auch mit Denken und Nachdenken zu tun; mit der Absicht, den Dingen echt auf den Grund zu gehen. Ich glaube, keiner, der diese Stelle ernsthaft meditiert, kann zum Schluss kommen, dass seine Gefühle nichts mit «Gott lieben» zu tun haben.

Warum fällt es uns so schwer, Gott zu lieben? Vielleicht weil wir Gott nur lieben können, wenn wir ihm gegenüber ungeteilt sind. Es heißt «von *ganzem* Herzen», «von *ganzer* Seele» und mit deiner «*ganzen* Kraft». Ja, ganz oder gar nicht! «Ein halber Christ ist ein ganzer Unsinn.» Das ist so ein Spruch – aber ein kluger Spruch! Unsere Liebe gehört ihm ganz und ungeteilt, ihm allein!

Graf Nikolaus Ludwig von Zinzendorf, der vom Spener'schen und hallischen Pietismus geprägt war, blieb sich trotz aller Gegensätzlichkeit in seinem Leben «in einer Hinsicht stets gleich, in seiner Liebe zu Christus. Diese zieht sich von seiner Jugend an durch sein Leben hindurch. Ihr brachte er jedes Opfer und setzte sein gesamtes Vermögen dafür ein.»[43] Darum ist Zinzendorf als der große Jesus-Liebende in die Theologiegeschichte eingegangen. Von ihm ist das folgende Gedicht:

Christus über alles lieben
Christus über alles lieben übersteigt die Wissenschaft;
ist sie noch so hoch getrieben, bleibt sie ohne alle Kraft,
wo nicht Jesu Christi Geist sich zugleich in ihr erweist.
Jesus recht im Glauben küssen ist das allerhöchste Wissen.

Christi Liebe machet weiser, als die klügsten Menschen sind.
Auf die Liebe bau ich Häuser gegen allen Sturm und Wind.
Jesus lieben ist gewiss Satans größtes Hindernis;
wo er Liebe Christi siehet, da ist's ausgemacht, er fliehet.

Christus lieben lehrt die Weise, wie man klüglich handeln soll,
und die ganze Himmelsreise ist der Liebe Jesu voll.
Alle Weg und Stege sind für ein sel'ges Gnadenkind
auf das Beste zubereitet, dass es ja nicht etwa gleitet.

Christi Liebe gibt die Maße, wie man heilig leben muss.
Was ich tue, was ich lasse, lehrt sie mich im Überfluss,
und wie weit ich Tag für Tag in der Liebe wachsen mag.
Alle guten Werk und Triebe wirkt die treue Jesusliebe.

Christi Lieb, Einfalt, Wahrheit und der Bruderliebe Band, die bestehn in Kraft und Klarheit hier und auch im Vaterland.
Treuer Gott, wie wünsch ich mir diese ungemeine Zier, diese Krone aller Gaben: Jesus Christus lieb zu haben!

Kapitel 5

Anbetung und Freude

Kapitel 5 · Anbetung und Freude

Der Psychoanalytiker Alexander Mitscherlich (1908–1982) hat den Deutschen Unfähigkeit zur Trauer vorgeworfen. Darauf hat der Journalist und Publizist Johannes Gross (1932–1999) gesagt: «Unfähigkeit zur Freude wäre richtiger gewesen.» Sind wir Christen denn fähig zur Freude? Wir hätten doch allen Grund dazu. Martin Luther hat einmal festgestellt: «Wir können an der Freude den Mangel unseres Glaubens erkennen. Denn wie stark wir glauben, so stark müssen wir uns auch notwendig freuen.»

Anbetung und Lobpreis haben mit Freude zu tun. Freude und Lobpreis sind das Geflecht, das unserer Beziehung und Innigkeit zu Jesus einen Ausdruck gibt. Aus Freude über Gott beten wir ihn an, und wenn wir uns vor Gott tief hinabbeugen, was das Wort Anbetung ja auch bedeutet, dann erzeugt dies Resonanz. Freude, die zum Lob Gottes führt und die durch die Anbetung wieder aus uns herausfließt, ist ansteckend. Sie ist infiziert von der Nähe und Größe Gottes. Darum kann sie Herzenskälte auftauen und Eis schmelzen lassen; sie entwaffnet, sie überschreitet Grenzen und Barrieren. Freude wirkt wie ein Katalysator, sie setzt Reaktionen frei, die in einem freudlosen Raum schlicht nicht zustande kommen.

Das deutsche Wort «Freude» ist abgeleitet von froh. Dieses Wort hatte ursprünglich die Bedeutung «eilig», «schnell». Freude hat also immer mit Bewegung zu tun. Daher kommen auch solche Sprachbildungen wie «vor Freude taumeln» und «Freudentänze aufführen». Freude reißt mit und erfasst den ganzen Menschen.[44]

Ob ein Mensch sich wirklich freut, sieht man an seinen Augen. Die Physiognomie der Freude ist in allen Kulturen dieselbe. Bei echter Freude bewegt unser Großhirn nämlich ganz autonom unsere Augenringmuskeln. Bei gespielter Freude tut sich gar nichts an unseren Augen, da heben sich nur gequält die Mundwinkel. Kein Wunder, dass Freude für manche äußerst verdächtig ist!

Wenn eine Gemeinde aufbrechen möchte und neues Land einnehmen will, muss sie ganz tief von der «Freude am Herrn» erfasst werden. Da, wo Menschen Freude verbreiten und ausstrahlen, ist es auch nicht langweilig und ätzend. Denn Menschen werden von Freude angezogen. Manchmal habe ich den Eindruck, dass wir Christen nicht unbedingt Freude verbreiten. Doch wenn wir keinen Grund zur Freude haben, wer hat ihn dann?

Die Freude an Jesus sollte so etwas wie unser Label oder Markenzeichen sein! In manchen Gemeinden und Herzen registriere ich allerdings keine bewegende Freude, sondern Frust und Erstarrung. Ja, es ist schon etwas dran: Wir kultivieren es leichter, bekümmert zu sein als froh, wir sind lieber ernst als enthusiastisch. Christian Schwarz formuliert folgende Beobachtung: «Merke: Jammern verleiht Dir in der Christenheit Sozialprestige; das Bekenntnis zur eigenen Lebensfreude macht Dich verdächtig. Es ist wirklich so!»[45]

«Seid nicht bekümmert, denn die Freude am Herrn ist eure Stärke», schrieb Nehemia, der seine Zeitgenossen damit motivierte, die Stadtmauern Jerusalems wieder aufzubauen (8,10c). Wir können Menschen und Gemeinden einfach besser aufbauen, wenn wir Freude haben. Paulus sagt in Philipper 4,6 «Sorgt euch um nichts …»[c] Wenn wir es lernen, uns nicht zu bekümmern und uns keine Sorgen zu machen, kann mehr Freude in unser Leben fließen. Und Freude am Herrn macht uns stark. «Die Freude am Herrn ist eure Stärke.»

Ein Mensch, der Stärke(n) hat, bewegt etwas. Freude baut auf, Freude gibt Power. «Freuet euch in dem Herrn allewege! Und abermals sage ich: Freuet euch!», schreibt der Apostel Paulus den Christen in Philippi (4,4c). Ein Leben ohne Freude ist trist und dumpf. Ohne Freude geht keinerlei Ansteckungsgefahr von unserem Christsein aus! Ohne Freude im Herzen und in den Augen neutralisieren wir sozusagen die Freudenbotschaft des Evangeliums.

Mit Jesus ist die Freude vom ersten Moment seines Menschseins an verbunden. Als der Sohn Gottes zur Welt

Kapitel 5 · Anbetung und Freude

kam, rief der Engel: «Ich bringe euch große Freude, die allem Volk widerfahren soll» (Lukas 2,10). Und Jesus verließ diese Welt, indem er den Jüngern seine Freude hinterließ: «Solches rede ich zu euch, damit meine Freude in euch bleibe und eure Freude vollkommen werde» (Johannes 15,11). Das hier verwendete Wort hat die Bedeutung von etwas Hinreißendem, von einer Festfreude, von einem außerordentlichen Frohsein und einer strahlenden Unbefangenheit. Kennen auch wir diese Freude?

Warum empfinden wir überhaupt Freude? Warum bereiten uns die so fundamentalen menschlichen Regungen wie Bewegung, Spiel, Kreativität, Essen und Sex Freude? Ich bin noch nie einem Philosophen begegnet, der kopfschüttelnd herumläuft, weil er über die Frage, warum wir überhaupt Freude empfinden, aus dem Staunen nicht mehr herauskommt. Und doch stellt sich diese Frage. Für den Atheisten ist die Frage nach der Freude das philosophische Gegenstück zum Problem des Leids und des Schmerzes, das meistens uns Christen umtreibt. Nur haben wir Christen es leichter, damit umzugehen, da wir ja schon verstanden haben, dass ein guter und liebevoller Gott will, dass seine Geschöpfe Freude, Entzücken und Erfüllung erleben. Das ist für uns der Ansatzpunkt, und von dort aus suchen wir nach Wegen, um den Ursprung des Leids zu erklären. Wie erklärt aber ein Atheist in einer Welt von Zufall und Sinnlosigkeit den Ursprung der Freude?

Über viele Umwege fand zum Beispiel Gilbert Keith Chesterton – von dem manche vielleicht die Detektiverzählungen des Pater Brown kennen – zum Glauben zurück, weil nur das Christentum Anhaltspunkte gibt, wie das Geheimnis der Freude zu lösen ist. Er schreibt: «Ich spürte in meinen Knochen erstens, dass diese Welt sich nicht selbst erklärt. [...] Zweitens meinte ich, dass auch das Wunderbare einen Sinn haben muss, und wo ein Sinn ist, da muss jemand sein, der etwas meint. Die Welt hatte etwas Persönliches, wie ein Kunstwerk. [...] Drittens dachte ich, dass der ursprüngliche

Plan schön gewesen sein muss, trotz aller Mängel, wie zum Beispiel den Drachen. Viertens, dass der richtige Dank dafür eine Art Demut und Zurückhaltung sein muss: Wir sollten Gott für Bier und Burgunder dadurch danken, dass wir nicht zu viel davon trinken. [...] Und als Letztes und Seltsamstes hatte ich den vagen, aber umfassenden Eindruck, dass alles Gute irgendwie ein Überrest aus einer Art Ur-Ruine ist, den man aufbewahren und heilig halten sollte. Der Mensch habe seine Habe gerettet wie ein Robinson Crusoe: aus einem Wrack.»[46]

Woher kommt die Freude? Chesterton landete, nachdem er die Alternativen geprüft hatte, beim Christentum als der einzigen logischen Erklärung. Momente der Freude sind die Überreste, die von einem Schiffswrack ans Ufer gespült wurden, Stücke aus dem Paradies, die die Zeiten überdauert haben.[47]

Wo ist diese Freude? Ist sie in unserem Leben? Und wenn nicht, was blockiert sie? Freude ist in vielen Gemeinden (und in nicht wenigen Christen) ein Kapitel, das gar nicht existiert. Philip Yancey beschreibt in seinem persönlichsten Buch autobiografisch: «Ich hatte den Glauben als eine geistliche Übung aufgefasst, die man mit zusammengekniffenen Lippen absolviert, eine Mischung aus Askese und Vernunft, bei der die Freude auf der Strecke blieb.»[48]

Ich beobachte, dass viele in dieser Auffassung vom Glauben hängen geblieben sind. Schaut man im Inhaltsverzeichnis ihres Lebens, dann gibt es da den Ernst, den Frust, die Pflicht, den Kleinglauben, die Unsicherheit, die Sorge, die Angst – aber die Freude fehlt. Wir tun uns schwer damit. Lethargie, ja sogar depressive Stimmung, hat sich breitgemacht. Yancey schildert seine Beobachtung so: «Die Gemeinden, die ich besuchte, hatten so laut die Gefahren der Freude betont, dass ich die positiven Aussagen überhörte.»[49] Was betonen wir? Die Möglichkeiten, die die Freude eröffnet, oder nur die Risiken und Nebenwirkungen? Christian Schwarz kommentiert bissig: «... Jammern kommt in christlichen Kreisen auch noch ausgesprochen gut an!»[50]

Kapitel 5 · Anbetung und Freude

Sind unsere Gemeinden Orte der Freude? Diese Frage geht tiefer als die Frage, ob man sich hier wohlfühlt. Es ist manchmal besser, sich nicht wohlzufühlen, sondern sich unwohl zu fühlen und aufgewühlt zu werden, damit wir Dinge in unserem Leben klären. Ist unsere Gemeinde ein Raum der Freude? Setzen wir das um, was in Psalm 100,2 steht: «Dient dem Herrn mit Freuden! Kommt vor sein Angesicht mit Jubel»[b]?

Freude und Heiliger Geist

In Apostelgeschichte 13,52 lesen wir: «Die Jünger aber wurden mit Freude und Heiligem Geist erfüllt.»[b] Ich habe Sehnsucht nach einer solchen Atmosphäre. Denn das hat nichts mit flacher Happiness zu tun. Das ist keine billige Freude, weil ich mich über etwas amüsiere oder über jemanden lustig mache. Das ist keine oberflächliche Freude, die aus einem seichten Unterhaltungsprogramm gespeist wird, sondern eine tiefe Freude, die Jesus «atmet». Eine Freude, die von einer inneren Zuversicht und Dankbarkeit getragen wird.

Erfüllt mit Freude und Heiligem Geist. Im Griechischen kommt das Wort Freude, χαρά (chara) von χάρις (charis) = Gnade. Ja, es gibt einen Zusammenhang zwischen Gnade und Freude, denn Freude kann man als Antwort auf Gottes Gnadenhandeln verstehen. Ein charismatischer Mensch, ein begnadeter Mensch, strahlt Freude aus und weckt Freude. Er begeistert, weil er erfüllt ist vom Heiligen Geist.

In bin überzeugt, dass da ein tiefes Geheimnis besteht zwischen dem Heiligen Geist und der Freude. Wenn wir dem Heiligen Geist Raum geben, wird die Freude an Jesus in unserem Leben eine bewegende Kraft sein! Wir dürfen Gott um die Fülle des Heiligen Geistes und die Fülle der Freude bitten. Jesus selbst fordert uns auf (Johannes 16,24): «Bittet, und ihr werdet empfangen, damit eure Freude vollkommen ist.» Das ist doch eine großartige Einladung, die Jesus hier ausspricht!

Es ist ein Unterschied, ob wir auch mal Freude haben oder ob wir erfüllt sind von Freude. «Die Frucht des Geistes ist

Freude», sagt Paulus in Galater 5,22. Und das meint mehr als: «It's time to be happy.» Denn diese Freude bedeutet nicht die Abwesenheit von Leid und Schwierigkeiten, sondern die Anwesenheit Gottes durch den Heiligen Geist. Diese Frucht des Geistes, diese Freude wächst, wenn wir Gottes Geist nicht abblocken.

Paulus führt im Römerbrief aus, dass die Freude ein Kennzeichen des Reiches Gottes ist: «Denn das Reich Gottes ist nicht Essen und Trinken, sondern Gerechtigkeit und Friede und Freude im Heiligen Geist» (Römer 14,17[b]).

In einer beeindruckenden Dichte fasst er zusammen, worin das Reich Gottes besteht. «Das Reich Gottes ist nicht Essen und Trinken». Das meint, es geht nicht um äußere Dinge, über die man sehr unterschiedlicher Meinung sein darf und sich die Köpfe heißreden kann. Sondern es geht «um Gerechtigkeit und Friede und Freude im Heiligen Geist». Wir sind durch Jesus gerecht gemacht vor Gott. Jesus macht uns recht vor Gott: «Gott spricht jeden von seiner Schuld frei und nimmt jeden an, der an Jesus Christus glaubt. Nur diese Gerechtigkeit lässt Gott gelten» (Römer 3,22[a]). Und Jesus hat Frieden mit Gott gemacht: «Nachdem wir durch den Glauben von unserer Schuld freigesprochen sind, haben wir Frieden mit Gott durch unseren Herrn Jesus Christus» (Römer 5,1[a]).

Wo Gerechtigkeit und Friede herrschen, wir ahnen es, da hat die Freude großen Raum. Hier ist von der Freude im Heiligen Geist die Rede. «Die Freude Gottes bezeugt, dass sich der Geist Gottes anders kundtut als in Traurigkeit, Bitterkeit und Gekränktsein» (Otto Michel). Es gibt Augenblicke, da bricht diese Freude richtig durch, so wie Paulus es in 2. Korinther 7,4 beschreibt: «Trotz aller Schwierigkeiten bin ich getröstet, und meine Freude ist unbeschreiblich groß.»[a] Im griechischen Text steht: «Ich fließe über vor Freude trotz aller Bedrängnis.» Was fließt aus unserem Leben heraus? Kummer, Bitterkeit, Gekränktsein oder Freude?

Ist unser Leben infiziert von der Freude des Heiligen Geistes? Dann ist es auch authentisch und ansteckend. Ohne diese

Kapitel 5 · Anbetung und Freude

Freude fehlt ein wesentliches Stück vom Reich Gottes in unserem Leben. Ohne diese Frucht des Geistes läuft unser Leben ins Leere und verflacht, und dann fehlt ihm die Dimension der Anbetung. Ohne Freude wird auch unsere Nachfolge zu einer stumpfen, die Seele tötenden Gewohnheit. Ohne Freude werden wir zu modernen Pharisäern.

Immer wieder habe ich Gespräche mit Ehepaaren, die in einer Krise sind. Nicht selten spüre ich dann, dass in ihrer Ehe kein Funke Freude aneinander mehr vorhanden ist. Sie sind im Umgang miteinander humorlos geworden; sie können nicht mehr miteinander lachen und auch nicht mehr übereinander herzlich lachen. Da fehlt jegliches Entzücken und Vergnügen. Heiterkeit und Frohsinn? Fehlanzeige. Da ist das Lachen erstickt und durch ein höhnisches Grinsen ersetzt worden.

Dieses Muster zieht sich durch viele Bereiche. Wenn wir die Freude an unserer Arbeit verlieren, an unserer Gemeinde, an unserem Glauben, dann ist der Ausstieg vorprogrammiert. Dann fängt man an, sich innerlich zu verabschieden, und irgendwann ist dann auch der äußere Bruch sichtbar.

Gottes Wort ist eine Quelle der Freude

Neben dem Heiligen Geist gibt es weitere Türen zur Freude in unserem Leben. Eine davon ist das Wort Gottes: «Ich freue mich über deine Gebote wie über großen Reichtum» (Psalm 119,14[a]). Vers 162: «Ich freue mich über dein Wort wie einer, der große Beute macht.»[b+c] Wie fließt Freude in unser Leben? Durch das Hören auf das Wort und durch das konsequente Umsetzen dessen, was dieses Wort meint. Wer sich mit dem Wort Gottes betend beschäftigt, der gewinnt eine innige Nähe zu Gott. Und dies ist eine weitere Tür zur Freude.

«Wer zum Herrn aufschaut, der strahlt vor Freude» (Psalm 34,6[a]). «Fülle von Freuden ist vor deinem Angesicht» (Psalm 16,11[b]). «Aber das ist meine Freude, dass ich mich zu Gott halte ...» (Psalm 73,28[c]).

Wenn Menschen zu mir in die Seelsorge kommen, die frustriert sind in ihrem Glauben, dann sind sie es oft, weil sie auf die Fehler der Christen und die Schwachstellen der Gemeinde schauen und ihr Blick nicht mehr auf Jesus selbst gerichtet ist. Ich brauche meistens nicht lange zu graben, frage einfache Dinge wie: Welchen Stellenwert hat das Wort Gottes in deinem Leben? Was liest du, um deinem Glauben Nahrung zu geben? Erlebst du, dass Gott dich in deinem Alltag führt?

Das tiefste Motiv für Freude:
Verlorenes ist wiedergefunden worden

Im Lukas-Evangelium Kapitel 15 steht eine Begründung, warum sich ein Mensch freut und andere einlädt, sich doch mitzufreuen; eine Begründung, die gleich mehrfach zu finden ist. Sie lautet: Ich habe gefunden, was ich verloren hatte!

Das tiefste Motiv für Freude im Evangelium ist, wenn Verlorenes gefunden wird. Wenn wir das, was wir gesucht haben, endlich finden. Ob in unserer Gemeinde die Grundstimmung der Freude herrscht, hängt zuallererst an der Frage, ob verlorene Menschen zu Jesus finden. Was könnte mehr Freude auslösen als das? Wenn Menschen das, was sie verloren haben, nämlich ihre Würde, ihre Unschuld, ihre Hoffnung, ihre Gemeinschaft, ihren Frieden, ihr Vertrauen, ihre Lebensfreude, in Jesus Christus wiederfinden.

Ich bin überzeugt, nichts setzt mehr Freude frei als die Tatsache, dass ein verlorener Mensch Jesus Christus findet. «So wird man sich auch im Himmel freuen über einen Sünder, der zu Gott umkehrt – mehr als über neunundneunzig andere, die nach Gottes Willen leben und nicht zu ihm umkehren müssen» (Lukas 15,7[a]), sagt Jesus. Wenn zu viele «Gerechte» zu lange zusammen sind, ohne dass sie erleben, wie Sünder zu Gott umkehren, dann wird die Atmosphäre stickig und freudlos. Also dürfen wir auch hier auf der Erde und in unseren Gemeinden schon diese Freude kultivieren.

In unseren Gottesdiensten lassen wir Menschen immer

wieder «ihre Geschichte» erzählen, wie Gott sie gefunden hat. Das ist faszinierend, spannend und voller Überraschungen, weil jede «Suche» anders verläuft. Denn wenn Menschen bezeugen, wie die Liebe Gottes sie gefunden hat, bricht die pure Freude durch. Diese Freude bricht sich dann Bahn und drückt sich auch in Anbetung und Lobpreis aus!

Kapitel 6

Anbetung und Feiern

Kapitel 6 · Anbetung und Feiern

Psalm 118,24 und 27: «Dies ist der Tag, den der Herr gemacht hat; wir wollen jubeln und uns an ihm freuen. ... Mit Zweigen in euren Händen beginnen den festlichen Reigen um den Altar.»[d+a]

Psalm 47,2: «Ihr Völker alle, klatscht in die Hände! Jauchzt Gott mit fröhlichem Schall.»

Johannes 10,10: «Ich bin gekommen, damit sie das Leben haben und es in Fülle haben.»[d]

In unserer Familie feiern wir gerne Feste! Zugegeben, ich habe ein Frau, die großartig kochen kann und extrem gut ist im Organisieren von Events. Doch auch ich versuche meinen Teil dazu beizutragen, und so entsteht schon im Vorfeld eine bunte und manchmal turbulente Vorbereitungsphase. Etwa ein bis zwei Mal im Jahr laden wir so viele Leute ein, wie unsere Wohnung es zulässt. Sie sitzen dann in unserer Küche, im Wohnzimmer oder auf der Terrasse und genießen, was wir vorbereitet haben. Da wird erzählt, gescherzt, ernsthaft geredet, gut gegessen und getrunken und das eine oder andere Erlebnis zum Besten gegeben. Manchen Gast lernen wir dann von einer ganz neuen Seite kennen, weil eine Stimmung des Feierns auch mal Ungeahntes zulässt. Jedes Fest hat seine eigene Atmosphäre, und es wird richtig schön, wenn die Gäste in eine solche Festatmosphäre eintauchen und einfach mal dem Alltag entschwinden.

Es tut fühlbar gut, wenn die Alltäglichkeit unterbrochen wird und Körper, Gemüt und Geist einmal feiern. Es braucht nicht zwingend einen Anlass oder einen Grund dazu, aber manchmal macht ein solcher es besser nachvollziehbar, warum wir mal so richtig abfeiern wollen. Ein bestandenes Examen, der Einzug in die neue Wohnung, ein runder Geburtstag, ein Abschied, der Umstand, dass die Freundschaft schon Jahre hält oder die Ehe immer noch glücklich ist – so was soll's ja auch noch geben!

Zu jedem Fest gehört ein großes Ja zum Leben mit seinen Umleitungen und Sackgassen. Wer keinen richtigen Anlass hat, dem ist fröhliches und ausgelassenes Feiern suspekt. Zu einer Party gehören alle Sinne, dazu Überfluss, Fülle und Glanz. Alles Kleinliche, Enge, Beschränkte und Knickrige hat dort keinen Platz.

«Ein Leben ohne Fest ist wie ein langer Weg ohne Einkehr!» (Demokrit). Manchem sollte man so eine Einkehr verordnen und ein Rezept schreiben, auf dem steht: «Bitte einfach mal feiern!»

Wir müssen zugeben, dass unser Feiern manchmal einen hohlen Klang hat, weil wir eigentlich gar nichts zu feiern haben. Und ich meine, wir sollten auch alles Feiern tunlichst vermeiden, bei dem es in Wirklichkeit nichts zu feiern gibt. Es zeugt von Zerrissenheit und es ist ätzend, wenn wir ein Feiern vortäuschen, uns irgendwie dazu zwingen oder einfach so tun als ob. Dann geraten wir in einen inneren Konflikt, der von feinfühligen Menschen durchaus wahrgenommen werden kann.

Auch in einem Gottesdienst kann man spüren, ob die Menschen Gott wirklich anbeten wollen oder ob sie nur mitmachen, weil es jetzt im Gottesdienstablauf so vorgesehen ist. Doch so weit muss es nicht kommen! Wir können gegensteuern. Ich habe festgestellt, dass manchmal erst die Freude auf eine Feierlichkeit in uns wächst, wenn wir anfangen, ein Fest zu planen, und uns in die Vorbereitungen stürzen. So eine Feierlaune kann auch wachsen, wenn wir uns darauf einstellen, Gott anzubeten. Gott selbst hat eine Taktfrequenz dafür vorgesehen, die uns das erleichtern soll.

Feiern, weil Gott uns dazu einlädt

Schon in der Schöpfungsgeschichte reserviert sich Gott einen Feiertag. Der gesamte siebte Tag war zu einer feierlichen Ruhe bestimmt. Er war der besondere Tag. In unserer theologischen Tradition wird die Schöpfung oft nur als «Sechstagewerk» dar-

Kapitel 6 · Anbetung und Feiern

gestellt, mit der Erschaffung des Menschen als Höhepunkt. Folglich wird Gott auch primär als der schöpferische Gott gesehen. Der ruhende, feiernde, sich an seiner Schöpfung freuende Gott tritt dahinter zurück. Doch wir sollten diesen Aspekt keinesfalls ausblenden.

Das Volk Israel hatte den Befehl Gottes empfangen, drei große Wallfahrtsfeste im Jahr zu feiern. Es galt als Verlust eines Privilegs, wenn man an einem Fest nicht teilnehmen konnte. Denn diese Feiertage waren Erlebnisse, die dem Volk Israel Kraft und Zusammenhalt gaben.

Im 5. Buch Mose 14,22ff. lesen wir davon, dass das Volk Israel dazu angehalten wurde, zehn Prozent der Ernte an Gott zurückzugeben. Diese Rückgabe des zehnten Teils sollte zu einem Festakt werden, durch den man Gott nicht nur seine Dankbarkeit bekundete, sondern auch fröhlich feierte, weil er ja die eigentliche Quelle all dessen ist, was wir haben und genießen. Im Grunde gehört ihm komplett alles. Er stellt es uns zur Verfügung, und er vertraut es uns an. Das ist doch ein Grund zum Feiern!

Gott legte fest, dass der zehnte Teil des Getreides, der Weintrauben und der Olivenernte, außerdem die erstgeborenen Lämmer, Ziegenböckchen und Kälber an den Ort gebracht werden sollten, an dem Gott wohnt. Aber das Gesetz ließ eine Ausnahme zu, falls der Weg zu weit und die Ernte zu üppig ausgefallen waren. In diesem Fall konnte man einfach den Zehnten zu Geld machen und an dem Ort, den der Herr erwählt hatte, alles kaufen, was das Herz begehrte: «Hier kauft euch alles, was ihr gerne hättet: Rinder, Schafe, Ziegen, Wein oder ein anderes berauschendes Getränk und was ihr euch sonst noch wünscht. Feiert mit euren Familien in der Gegenwart des Herrn ein fröhliches Fest, esst und trinkt!» (5. Mose 14,26[a]).

Dies macht doch eines deutlich: Gott möchte, dass wir unsere Alltagsroutine unterbrechen und in seiner Gegenwart fröhlich feiern. Wenn wir Gott das geben, was ihm ohnehin gehört, dann bringt uns das zum Feiern und Anbeten.

Im NT werden die Feste Israels nicht kritisiert, sondern Jesus nimmt mit seinen Jüngern ganz selbstverständlich daran teil (Lukas 22,8; Johannes 4,45; 5,1; 7,11). Jesus selbst gibt uns den schönsten Grund zum Feiern: «Ich bin gekommen, damit sie das Leben haben und es in Fülle haben» (Johannes 10,10ᵈ). Zum Leben, und erst recht zu einem «Leben in Fülle», gehören Feste und Feiern. Und zum Feiern kann so viel gehören: Singen und Musizieren, Tanzen und Bewegen, Dichten und Reimen, Erinnerungen und Bilder, Erlebnisse und Anekdoten, interessante Begegnungen und Gespräche und gutes Essen. Je bunter die Menschen, desto facettenreicher die Feier.

Es gibt einige Gründe, warum man im Leben feiern sollte – oder anders gesagt, warum Gott *möchte*, dass wir das Leben feiern. Ein Grund ist der Horizont, dass das schönste Fest erst noch kommt. Denn jede Feier kann ein kleiner Vorgeschmack auf das Fest sein, das Jesus am Ende aller Tage einmal mit denen feiern wird, die ihn lieben und die ihm vertraut haben. Grundsätzlich eingeladen ist dazu jeder. Aber wir wissen alle, dass man die Einladung zu einem Fest fröhlich annehmen oder auch ablehnen kann. Wie auch immer, festliche Freude ist das Herzstück der Botschaft von Jesus Christus.

Als Jesus in der Synagoge in Nazareth seinen öffentlichen Dienst beginnt, wird ihm zum Vorlesen das Buch des Propheten Jesaja gereicht. Und Jesus liest die Stelle, die klarmacht: Seine Sendung beginnt mit dem Ausrufen eines Gnadenjahres, ja, eines Freudenjahres: «Der Geist des Herrn ist auf mir, weil er mich gesalbt hat, Armen gute Botschaft zu verkündigen; er hat mich gesandt, Gefangenen Freiheit auszurufen und Blinden, dass sie wieder sehen. Zerschlagene in Freiheit hinzusenden, auszurufen ein angenehmes Jahr des Herrn» (Lukas 4,18–19ᵇ).

Das, was Jesus hier sagt und auf sich bezieht, ist so radikal und so tief – Freiheit, Heilung, Erneuerung der sozialen Beziehungen –, dass wir dem gar nicht anders begegnen können als mit Festen und Feiern. Wenn die Armen gute Nach-

Kapitel 6 · Anbetung und Feiern

richt erhalten, die Blinden sehend werden, die Unterdrückten erleichtert werden, dann ist doch Feiern angesagt.[51] Bis heute haben wir noch keinen Grund, unser Feiern zurückzuhalten, denn die gute Nachricht der Vergebung und Befreiung gilt immer noch!

Nun ist der sorglose Geist des fröhlichen Feierns in unserer Gesellschaft weithin abhanden gekommen. Auch in unseren Gemeinden tun wir uns schwer damit. Gleichgültigkeit und Lethargie, ja sogar depressive Stimmungen haben sich breitgemacht. Manchen geht es wie denjenigen, von denen Jesus in dem Gleichnis vom großen Festmahl erzählte. Wir sind zwar eingeladen, um ein Fest zu feiern, aber wir möchten nicht mitfeiern – uns ist nicht nach Feiern zumute. Und so suchen wir nach irgendeiner Ausrede, warum wir nicht kommen können (eigentlich: nicht möchten). Und dann finden wir auch eine Ausrede, meist eine sehr schlechte, die wir selber nicht glauben würden, hätten wir oder andere sie uns nicht vorher eingeredet.

Feiern bringt Freude ins Leben

Wie schade, wenn wir nicht mitfeiern, dann entgeht uns ein Stück Freude. Denn Feiern bringt Freude ins Leben, und Freude macht uns stark. Freude verleiht uns Energie. Freude macht zuversichtlich. Gottes Wort sagt, dass die Freude am Herrn unsere Stärke ist (Nehemia 8,10). Feiern und Freude schenken Kraft zum Leben und eröffnen auch mal eine neue Perspektive. Ohne Freude können wir nicht lange durchhalten. Eine große Motivation für unser Tun ist das Wissen, dass eine Arbeit oder ein Projekt irgendwann Freude freisetzt.

Wer sein Leben Jesus anvertraut, der macht die Erfahrung, dass Freude nicht machbar ist, sondern ein Geschenk, ja eine Frucht ist, die allmählich in unserem Leben reift. Freude ist eine der Früchte des Heiligen Geistes (Galater 5,22). Ich weiß aus eigener Erfahrung, dass Freude wie das Öl im Getriebe ist. Es läuft leichter, wir laufen nicht heiß, und es bewegt sich wirklich etwas, wenn Freude ein Faktor in unserem Handeln und in unseren Beziehungen ist.

Wenn es keine Festtage mehr gibt, ist immer (grauer) Alltag, und wo immer Alltag ist, geht die Freude aus. Da werden wir verbissen und kleinlich, statt locker und großzügig zu sein. Und wo die Lebensfreude fehlt, da gibt es kein Leben und keine Freude. Ich habe eine gute Testfrage für uns – für unsere Ehe, unsere Familie, unseren Freundeskreis, unsere Kleingruppe, unsere Gemeinde: Können wir miteinander feiern?

Wie komme ich zum Feiern?

Jesus selbst sagt: «Wenn ihr nach meinen Geboten lebt, wird meine Liebe euch umschließen. Auch ich richte mich nach den Geboten meines Vaters und lebe in seiner Liebe. Das alles sage ich euch, damit meine Freude euch ganz erfüllt und eure Freude dadurch vollkommen wird» (Johannes 15,10–11[a]). Im Leben mit Jesus gibt es nur eins, das wahrhafte Freude hervorruft, und das ist Gehorsam gegenüber dem, was er gesagt hat. Bei einer anderen Begebenheit, als eine Frau aus der Menge zu Jesus rief: «Wie glücklich muss die Frau sein, die dich geboren und gestillt hat!», sagte Jesus nur: «Ja, aber noch glücklicher sind die Menschen, die Gottes Botschaft hören und danach leben» (Lukas 11,27–28[a]).

Ich denke, damit sind wir beim springenden Punkt. Echte Freude beginnt da, wo der Mensch sich einlässt auf das, was Gott über ihn denkt. Wirkliche Freude beginnt im Leben, wenn ein Mensch der Liebe Gottes begegnet und anfängt zu begreifen, wie wertvoll er für Gott ist.

Nun wirken etliche Christen alles andere als glücklich, und sie sind es auch nicht. Sie hören zwar das Wort Gottes, aber sie leben und richten sich nicht danach. Jakobus kommt zu dem Ergebnis, dass diejenigen, die Gottes Wort nur hören, sich selbst betrügen. Und andererseits: Jesus verspricht uns, was uns glücklich machen kann: sein Wort hören *und* danach leben. Das ist nicht leicht. Jesus hat auch an keiner Stelle ver-

Kapitel 6 · Anbetung und Feiern

sprochen, dass es leicht ist. Aber Gehorsam gegenüber seinem Wort macht uns glücklich, macht uns reich, schenkt uns tiefen Frieden, und deshalb können solche Menschen auch das Leben feiern.

Wer aber nun meint, er bekomme Freude nur durch (An-)Beten und Psalmensingen, wird eine Enttäuschung erleben. Gott hat in seine Schöpfung eine Menge an guten und großartigen Dingen hineingegeben, und es ist nur natürlich, dass wir glücklich sind, wenn wir uns mit ihnen beschäftigen. Wirkliches Feiern ist nicht zuletzt auch eine geistliche Übung. Und manchmal müssen auch fromme Leute es wieder lernen zu feiern. Denn Feiern scheint nicht der Bereich zu sein, in dem wir große Stärken entwickelt haben, vielleicht weil wir uns scheuen, es voll und ganz zu tun. Außerdem gehört zum Feiern das Wagnis, sich auf etwas einzulassen. Es ist durchaus ein Risiko, Gott anzubeten, denn ich lasse mich dabei ganz auf ihn ein. Leider entdecke ich immer wieder, dass es ein symptomatisches Risiko frommer Menschen ist, entsetzlich langweilig und fantasielos zu werden.

Feiern bringt einen Ton von Freude, Festlichkeit und Heiterkeit in unseren Alltag. Jesus feierte mit den Menschen. Das ärgerte manche so sehr, dass sie ihn einen Weinsäufer und Schlemmer nannten (Matthäus 11,19).

Viele Jesusnachfolger führen allerdings ein so griesgrämiges Leben, dass keine Gefahr besteht, dass man sie solcher Dinge bezichtigt; geschweige denn, dass man sie auch Freunde von Zolleinnehmern und anderem Gesindel nennt. Wie sollte man das auch? Zu viele Christen haben ja kaum noch Kontakte, und schon gar keine außerhalb ihres «frommen Clubs».

Damit plädiere ich nicht für ein maßloses Leben, aber ich bin der Meinung, dass wir mehr Erfahrungen der Freude und der Heiterkeit nötig haben. Denn Feiern ist ein wirksames Gegenmittel gegen die Traurigkeit, die hin und wieder unser Herz bedrückt und zusammenschnürt. Feiern kann uns eine bereichernde Perspektive für das arm gewordene Leben geben. Zuweilen lernt man dabei auch wieder, über sich selbst zu lachen und nicht alles ganz so ernst zu nehmen. Wenn wir mal etwas Abstand haben, dann registrieren wir möglicherweise auch, dass viele Dinge, um die wir kämpfen, nicht annähernd so wichtig sind, wie wir dachten.

Freude steckt an. Ein Lächeln ruft ein Lächeln hervor. Lachen weckt Lachen. Das gehört zu den wenigen Dingen, die sich vervielfältigen, wenn man sie weitergibt. Der Philosoph Søren Kierkegaard sagt, dass «der Humor immer einen heimlichen Zwillingsbruder hat».

Vor unseren Gottesdiensten herrscht meistens ein großer Geräuschpegel. Wenn viele Menschen im gleichen Raum miteinander reden, bleibt das nicht aus. Aber jedes Fest hat einen bestimmten Geräuschpegel. Für mich ist das nicht gleich bedenklich, wenn die feierliche Stille fehlt. Im Gegenteil: Es beweist, dass eine tiefe Freude da ist, die ansteckend wirkt. Ich sehe das so: Da sind Menschen zusammengekommen, weil sie miteinander feiern und Gott anbeten wollen. Sie freuen sich, sie haben Beziehungen miteinander und Interesse aneinander, und da geht es eben laut und fröhlich zu. Und doch teilen wir auch in manchem Gottesdienst kostbare Momente der Stille. Auch das gehört zum Feiern dazu.

Hat Anbetung also etwas mit Feiern zu tun? Ja, denn wenn wir anbeten, dann feiern wir unseren großen Gott. Anbetung ist ein Fest mit lauten und bewegenden und auch mit stillen und nachdenklichen Momenten, weil wir den Herrn aller Herren feiern!

Kapitel 7

Anbetung und Stille

Kapitel 7 · Anbetung und Stille

Ende der 40er-Jahre des vorigen Jahrhunderts besuchte der amerikanische Komponist John Cage den echofreien Raum der Universität Harvard. Ein solcher Raum ist so konstruiert, dass Wände, Decke und Boden keinerlei Geräusche zurückwerfen; er ist fast vollkommen schalldicht. John Cage erwartete, überhaupt nichts zu hören, also absolute Stille. Doch es kam anders, sagte er später: «Ich hörte zwei Töne, einen hohen und einen tiefen.» Als er dies dem verantwortlichen Toningenieur beschrieb, erklärte der ihm, dass der hohe Ton ständig vom Nervensystem erzeugt wird, während der tiefe Ton von der Blutzirkulation stammt.

John Cage hörte sich also selbst. Es gibt keine absolute Stille. Diese bestürzende Erfahrung brachte ihn dazu, anderen Menschen zu zeigen, dass Stille eigentlich kaum zu machen und zu erfahren ist. So entstand das Stück mit dem Titel «4'33», das der Pianist David Tudor im August 1952 in der Universität Harvard zur Uraufführung brachte. Vier Minuten und 33 Sekunden sitzt er schweigend vor dem Flügel. Der Komponist sagte von seinem legendären Werk: «Es vergeht kein Tag, an dem ich nicht von diesem Stück Gebrauch mache ... Es ist eine Bewusstseinsveränderung, eine Wandlung.»

John Cages Stück kann jeder von uns «spielen». Wir müssen einfach viereinhalb Minuten nichts sagen oder nichts tun. Wo immer John Cages Stück gespielt wird, kommt es zum Eklat, denn Stille auszuhalten ist schwierig.

Keinen Tag ohne Stille? Viele Erfahrungen, die sehr unterschiedliche Menschen in verschiedenen Epochen mit Gott gemacht haben, zeigen, dass Stille und Einsamkeit nötig sind, um Gott nicht zu verpassen und um ihn anzubeten. Stille ist nicht nur etwas für kontemplativ Veranlagte. Ein stilles, verborgenes Leben mit Gott, ein Leben der Anbetung und des inneren Ausgerichtetseins auf meinen Herrn – das ist der Schlüssel für mein Sein und Tun. Ein Leben aus der Stille bewahrt vor Kurzatmigkeit und verhindert, dass mein Handeln aus dem Glauben zum reinen Aktionismus verkommt. Gottes Wort ruft uns deutlich zur Stille.

Psalm 46,11: «Seid stille und erkennet, dass ich Gott bin!»[c]

Psalm 37,5 und 7: «Befiehl dem Herrn deine Wege und hoffe auf ihn, er wird's wohl machen. ... Sei stille dem Herrn und warte auf ihn.»[c]

Jesaja 30,15: «Nur in Umkehr und Ruhe liegt eure Rettung, nur Stille und Vertrauen verleihen euch Kraft.»[d]

2. Mose 14,14: «Der Herr wird für euch streiten, und ihr werdet stille sein!»[c]

Stark und feinfühlig zu werden durch bewusst gesuchte Einsamkeit und äußere Stille ist eine Notwendigkeit im lauten und hektischen Alltagsbetrieb. Kraft gewinnen durch innere Stille und Vertrauen; erkennen, was wichtig ist; wahr und echt werden; das Wagnis der schöpferischen Stille eingehen; Gott suchen und ihm neu begegnen – das kann ein schwieriger Weg sein. Doch es ist ein lohnender Weg. Ich will uns herausfordern, ihn ganz neu und bewusst zu gehen.

Aus meinen eigenen Erfahrungen weiß ich, dass uns manchmal die Umstände des Lebens zwingen müssen, neu über dieses Thema nachzudenken. Bei mir jedenfalls war das so: Es war kurz vor Mitternacht, als ich von einem Festakt nach Hause aufbrach. In dem Restaurant war es sehr laut zugegangen. Durch den enormen Geräuschpegel hatte mich die Konversation sehr angestrengt, und das über Stunden. Zuvor war in dieser Woche jeder Abend mit einer Sitzung oder Beratung ausgefüllt. Meistens kam ich nicht vor 23 Uhr nach Hause. Dass ich eine starke Bronchitis hatte und ein Antibiotikum nahm, registrierte ich zwar an der fehlenden Power, aber ich schenkte dem keine besondere Aufmerksamkeit.

Doch dann passierte es. An jenem Freitagabend fiel plötzlich mein linkes Ohr zu, und auch auf meinem rechten Ohr hörte ich deutlich schlechter. Mit einem Schlag hörte ich fast nichts mehr. Es war, als hätte jemand den Lautstärkeregler ur-

Kapitel 7 · Anbetung und Stille

plötzlich auf ganz leise gedreht. Auf dem Nachhauseweg stellte ich fest, dass ich links fast nichts mehr hörte und rechts nur sehr gedämpft. Überdies verlor ich für kurze Zeit völlig mein Gleichgewicht.

Als der Zustand am nächsten Morgen nicht besser war, ging ich zum Arzt, der mich gleich in die Uniklinik einwies. Irgendwann war es dann diagnostiziert: «Herr Jung, Sie haben einen Hörsturz. Wahrscheinlich haben Sie zu viel um die Ohren. Sie brauchen jetzt Ruhe.»

Lärm und Stille haben seitdem eine neue Dimension für mich gewonnen. Offensichtlich brauchen wir alle ein gewisses Maß an Stille. Stille, äußere Stille, ist schwer zu finden, wie die Entdeckung von John Cage zeigt. Dabei fiel mir ein, wie wir als Kinder früher Verstecken spielten. Wenn man im Schrank oder hinter den Gardinen stand und der andere, der einen suchte, in greifbarer Nähe war, hörte man plötzlich, wie laut allein schon das Ein- und Ausatmen ist. Also hielten wir die Luft an, um bloß keinen Laut von uns zu geben.

Innere Stille ist manchmal noch schwerer zu finden als äußere Stille. Wie oft bin ich in einer ruhigen Nacht aufgewacht, weil es in mir nicht ruhig war. Weil die Gedanken, Bilder, Gespräche und Begegnungen mich nicht losließen. Manchmal schreien Bilder und Eindrücke des Tages in uns wild durcheinander. Manchmal dröhnt der Lärm in unserer Seele so sehr, dass sich körperliche Symptome zeigen.

Stille ist offensichtlich doch mehr als die Abwesenheit von Lärm. Ein bis an den Rand ausgefüllter Tag mit Gesprächen, Begegnungen und Terminen kann ein Tag der Stille sein. So paradox das klingt: Wenn unser Tun seine Energie aus einer tiefen inneren Ruhe erhält, weil Gott gegenwärtig ist, müssen Arbeit und Lärm uns noch lange nicht die Stille rauben.

Ob David wohl eine solche Situation beschreibt? «Ich bin zur Ruhe gekommen. Mein Herz ist zufrieden und still. Wie ein Kind in den Armen seiner Mutter, so ruhig und geborgen bin ich bei dir!» (Psalm 131,2[a]). Dieses Gefühl der Stille und Geborgenheit, der tiefen inneren Ruhe, wünsche ich mir, wenn ich Gott anbete. Wie oft sind wir meilenweit von diesem Zustand entfernt! Es scheint so, als ob der Zwang, ständig «auf dem Laufenden zu sein», unsere Seele zu einem Flimmerspiegel sich jagender Neuigkeiten macht. Dann sind wir zerstreut und um vieles besorgt, aber nicht ruhig und still. Dazu kommen ungesunde Wachstumsfantasien, die sich förmlich gegen die Stille verschworen haben.

Ich möchte drei Thesen zur Stille entfalten, in der Hoffnung, dass es Wahrheiten werden, die uns eine neue Intimität mit der Stille eröffnen.

Ohne Stille gehen wir an Gottes Weisung für unser Leben vorbei

In Thomas von Kempens (1380–1471) *Die Nachfolge Christi* (*De imitatio Christi*, 1441), dem jahrhundertelang unbestrittenen Meisterwerk der Erbauungsliteratur, das neben der Bibel das meistgelesene Andachtsbuch war, lautet ein Kapitel: «Über die Liebe zu Einsamkeit und Stille.» Lieben wir Einsamkeit und Stille? Zieht es uns dahin? Oder ist das für uns eher etwas Bedrohliches?

Thomas schreibt: «Wenn du dich nicht immer innerlich sammeln kannst, so sammle dich doch wenigstens zweimal am Tage, am frühen Morgen und am Abend.» Der Start in den Tag und sein Abschluss sind sicherlich zwei Schlüsselmomente. Wenn wir uns hier innerlich sammeln, die Stille des Morgens und die Ruhe des Abends nutzen, ist das ein großer Gewinn für die Zeit, die dazwischen liegt. Wer am Morgen schon Gott anbetet, der betet in seinem Alltag nicht zu schnell andere Götter an.

Der Sinn von Stille und Einsamkeit ist, dass wir zum (Hin-)Sehen und (Hin-)Hören fähig werden und so eben nicht an Gottes Weisung für unser Leben und auch für unseren Tag vorbeigehen. «Suche dir eine geeignete Zeit aus, um allein zu sein, und dann überdenk das Gute, das du von der Hand Gottes empfangen hast» (Thomas von Kempen). Nie-

Kapitel 7 · Anbetung und Stille

mand kann uns von diesem Job befreien. Die geeignete Zeit müssen wir schon selbst herausfinden und mit Disziplin von allem anderen freihalten, denn sie ist ein oft hart umkämpftes Terrain. Doch es lohnt sich, diesen Kampf aufzunehmen. Mich erstaunt es immer wieder, wie Gott das bisschen Zeit, das ich ihm gebe, mehrt und segnet.

Dabei gehört das «sich selbst zum Schweigen Bringen» zum Schwersten. Wirklich zu realisieren, wie Gerhard Tersteegen es ausdrückt, «Gott ist in der Mitten. Alles in uns schweige und sich innigst vor ihm beuge»[52], das bleibt ein Kampf. Zu viele Stimmen hallen in uns nach. Es dauert meistens schon eine ganze Weile, bis alles – ja wirklich alles – in uns schweigt. Doch erst dann sind wir fähig zu hören.

Warum ist das so schwierig? Weil unser Umgang in vielen Lebensbereichen dadurch geprägt wird, dass wir uns äußern, Stellung beziehen, unser Recht durchsetzen, unsere Klagen loslassen, uns Gehör verschaffen – auch im Umgang mit Gott. Nur werden wir auf diese Weise leider ziemlich «gehörlos» für Gottes Stimme.

«Nur Stille und Vertrauen verleihen euch Kraft!», sagt Jesaja. «Sei stille dem Herrn und warte auf ihn», dichtet David. Wir spüren, wie schwer uns das fällt und wie wahr es doch ist.

Der evangelische Theologe Helmut Thielicke sagte einmal: «Der Glaube beginnt in der Stille des Herzens, und er muss auch wieder in die stille Zwiesprache mit Gott zurück. Wenn er aber nur im Innern bleibt, dann zersetzt er sich und wird zu einer unausgelüfteten Frömmigkeit. Wenn er dagegen nur immer draußen sein will, dann verdorrt er und wird steril in einem christlichen Betrieb, der von den ewigen Quellen abgeschlossen ist.»

Glauben ist also ein Vertrauen, das aus der Stille kommt, aber nicht in der Stille bleibt. «Seid stille und erkennt, dass ich Gott bin!» So heißt es in Psalm 46. Ja, um zu erkennen, dass unser Herr Gott ist, der allmächtige und gegenwärtige Gott, brauche ich Stille. Allerdings, so schreibt Spurgeon in seinem Psalmenkommentar: «Verwechselt das Stillesein zu

Gott nicht mit dem Lässigsein. ... Nicht nichts wollen und wirken heißt stille sein zu Gott, sondern nichts eigenmächtig wollen und wirken.»[53]

Was Spurgeon hier bemerkt, ist ganz richtig. Wer in die Geschichte der Kirche schaut, entdeckt, dass oft gerade die Menschen, die ein enormes Arbeitspensum bewältigten, auch die Leute waren, die aus der Stille heraus lebten. Leistung und Stille sind keine Gegensätze, sondern notwendige Ergänzungen. Die Stille vor Gott befähigt uns zum Dienst, und der uns aufreibende Alltag weckt in uns wieder die Sehnsucht zur Rückkehr in die stille Zwiesprache mit Gott.

Der Glaube beginnt in der Stille unseres Herzens. Hier ist sein Ankerplatz. Aber dort kann er nicht bleiben. Er muss wieder heraus. Er muss aktiv und mutig die ihm geschenkte Zeit nutzen. Aber der Glaube führt wieder in die stille Zwiesprache mit Gott zurück. Das ist die Dynamik der Stille vor Gott. Die Anbetung Gottes befähigt uns, für diesen Gott zu leben. Aus solch einem Leben für Gott wird ein Erleben der Größe Gottes, was uns wiederum zurückführt in die Anbetung unseres Herrn.

Wer nur die Stille sucht, aber in ihr nicht die Begegnung mit Gott, bleibt leer

Ein Leben ohne Stille macht uns krank. Experten verweisen auf wissenschaftliche Ergebnisse, die zeigen, dass unsere Persönlichkeit durch Lärm, durch einen permanenten Geräuschpegel, negativ verändert wird. Lärm untergräbt die Liebenswürdigkeit, die Hilfsbereitschaft und das soziale Verhalten. Der Mensch weiß darum. Er spürt, dass er die Stille braucht. Und so sucht er danach: Wochenenden der Stille im Kloster sind en vogue, Stille-Übungen, Stille Tage, Stille Wochen haben Konjunktur. Die Stille wird für manche zum Geschäft, zu einem Produkt, mit dem man beim stressgeplagten und ruhelosen Menschen richtig gut ankommt. Dass Stille (Abwesenheit von Lärm) dem Menschen guttut, ist keine Frage. Stille

Kapitel 7 · Anbetung und Stille

regeneriert uns. Ein Spaziergang durch die Stille des Waldes tut Leib und Seele gut.

Wer allerdings mit Stille sofort Sinnfindung verbindet und sich Antworten auf die Fragen des Woher und Wohin erhofft, der erwartet zu viel. Wer in der Stille nur in sich hineinhorcht oder sich anderen Stimmen öffnet, für den kann die Stille unerträglich werden. Denn Stille allein liefert keine Antworten.

Wir können in der Stille sein, und trotzdem lärmt es in uns und wir finden keine Ruhe. Auch wenn um uns kein Laut zu hören ist, können Bilder und Gedanken in uns schreien. Wer sich bedenkenlos allen Bildern aussetzt, ob vor dem Fernseher oder im Internet, wird in der Stille nicht still werden.

Dietrich Bonhoeffer hat in seinem Buch *Gemeinsames Leben*, das unmittelbar aus seinen Erfahrungen in der Pastorenausbildung der Bekennenden Kirche der 1930er-Jahre erwuchs, einige ganz grundlegende Gedanken zum Thema Einsamkeit und Stille formuliert: «Das Schweigen [die Stille] kann eine furchtbare Wüste sein mit all ihren Einöden und Schrecken. Es kann auch ein Paradies des Selbstbetruges sein, und eins ist nicht besser als das andere.»[54]

Wenn ich mir heute manches Wellness-Angebot anschaue, das dem Menschen helfen soll, zur Stille zu kommen und sich etwas Gutes zu tun, dann frage ich mich, ob das nicht auch so etwas wie ein Paradies des Selbstbetruges ist.

Bonhoeffer hat es in seiner Zeit klar gesehen: «Darum, wie dem auch sei: keiner erwarte von dem Schweigen [der Stille] etwas anderes als die schlichte Begegnung mit dem Worte Gottes, um deswillen er ins Schweigen gekommen ist.»[55] Ich denke, das ist ein wichtiger Punkt: Gottes Wort verweist uns nicht in die Stille an sich, sondern sein Wort verweist uns in die Stille vor Gott! Wenn wir nur die Stille suchen, aber in ihr nicht die Begegnung mit Gott, drehen wir uns letztlich um uns selbst und bleiben leer.

Die Stille bringt uns nicht automatisch zu Christus, sie kann uns auch zu unserer eigenen Zerrissenheit bringen. Dann kann die Stille zur Angst werden. Dann nimmt sie uns die Luft zum Atmen, statt uns endlich den neuen Atem zu schenken. Stille an sich, Stille ohne Begegnung mit Gott, wird zur Totenstille und nicht zur Lebensquelle. In ihr fehlt der Zuspruch, die Korrektur, die Ermutigung, und so drehe ich mich letzlich um mich selbst. Suchen wir in der Stille «die schlichte Begegnung mit dem Wort Gottes», wie Dietrich Bonhoeffer es ausdrückt? Ich glaube, darin liegt ein Schlüssel, wenn Stille uns erneuern soll.

Wer die Stille vor Gott sucht, erfährt schmerzliche und wohltuende Veränderung

Nun ist klar: Stille ohne Gott wird unerträglich, oder sie führt zu Illusionen. Stille vor Gott hat einen ganz anderen Charakter. Sie ist für uns aushaltbar, weil wir hier ruhig verstummen können. Ein Mensch, der vor sich selbst zur Stille kommt, erfährt oft: Gott schweigt. Ein Mensch, der vor Gott still wird, erlebt: Gott redet. Wenn Gott redet, dann erfahren wir wohltuende Veränderung.

In der Stille vor Gott lernen wir, abhängig von ihm zu bleiben. Die Stille vor Gott erneuert meine Betrachtungsweisen, plötzlich kann ich eine Sache in einem neuen Licht sehen. Die Stille verändert mein Herz. Ich kann wieder mit anderen mitfühlen. Sie verändert mein Denken. Sie verändert meine Worte: Sie sind weniger hart und verletzlich, sondern aufbauend und Mut machend.

Wenn es nur nicht so schwierig wäre mit der Stille! Jemand beschrieb es so: «Ich schließe meine Augen und versuche, mich zu konzentrieren. Eine Minute geht das ganz gut, aber dann fällt mir heiß ein: Hast du auch den Herd abgestellt? Der Streit, den ich heute Morgen mit meinem Kollegen hatte, taucht aus meinem Gedächtnis hoch, und, ach ja, die Bahnfahrkarten für Donnerstag darf ich nicht vergessen. Aber jetzt zurück zu Gott! Nach zehn Sekunden kommt die sexy Blondine aus dem Bus vor mein inneres Auge. Und worüber soll ich die nächste Bibelstunde halten? Aufhören, jetzt bete ich! Und ich reiße mich wieder dreißig Sekunden zusammen. Und so weiter und so fort. Jeder Gedankenausflug senkt die Wärme meines Gebets um mindestens ein Grad, und ich werde nervös. Eine Liebesgemeinschaft mit dem lebendigen Gott soll das hier sein? Ich bin doch gar nicht richtig da!»[56]

Sind unsere Gebete und Anbetungszeiten nicht auch oft wie eine aufgeregte Schafherde, die mal hierhin und dorthin rennt? Paul Deitenbeck sagte einmal: «Ich bekenne, dass ich kein längeres Gebet zustande bringe, ohne abgelenkt zu werden.» Wenn wir ehrlich sind, kennen wir alle solche «beeindruckenden» Gebete aus unserem Leben. Gott sei Dank erfahren wir auch manchmal, dass der Geist Gottes unsere Gedanken lenkt und sie zusammenhält. Dann entsteht die Gewissheit, wirklich mit dem lebendigen Gott geredet zu haben, auf ihn gehört und ihm das gesagt zu haben, was unser Innerstes bewegt – und dann sind wir froh und verändert.

Wir müssen die Stille erst wieder einüben. Blaise Pascal (1623–1662) schrieb einmal: «Alle Krankheiten beginnen damit, dass man nicht mehr allein auf seinem Zimmer sein kann.» Was sagt Jesus? «Wenn du beten willst», und Stille vor Gott hat mit Gebet zu tun, «geh in dein Zimmer, schließ die Tür hinter dir zu, und bete zu deinem Vater. Und dein Vater, der auch das Verborgene sieht, wird dich dafür belohnen. Leiere nicht endlose Gebete herunter wie Leute, die Gott nicht kennen. Sie meinen, sie würden bei Gott etwas erreichen, wenn sie nur viele Worte machen» (Matthäus 6,6–7[a]).

Das ist das Rezept für Stille vor Gott. Ein verschlossener, ruhiger Ort und wenige Worte. Eine interessante Beobachtung. Wenn wir meinen, ohne Stille auskommen zu können, betrügen wir uns selbst. Ohne Stille verlieren wir wichtige Seiten unserer Persönlichkeit. Wir missachten, dass selbst unser Schöpfer am siebten Tag ruhte und auch Jesus oft am frühen Morgen an einen einsamen Ort ging, um zu beten. Ohne innere Einkehr werden wir oberflächlich und entwurzelt. Wir fangen an zu verdorren.

Ich komme noch einmal zu Dietrich Bonhoeffer. Er schreibt: «Wer nicht allein sein kann», ich ergänze: nicht in der Stille sein kann, «der hüte sich vor der Gemeinschaft.»[57] Er führt dann aus, warum die Gemeinschaft für den, der nicht allein sein kann, wenig hilfreich ist. «Viele suchen die Gemeinschaft aus Furcht vor der Einsamkeit. Weil sie nicht mehr allein sein können, treibt es sie unter die Menschen. Auch Christen, die nicht allein mit sich fertig werden können, die mit sich selbst schlechte Erfahrungen gemacht haben, hoffen in der Gemeinschaft anderer Menschen Hilfe zu erfahren. Meist werden sie enttäuscht und machen dann der Gemeinschaft zum Vorwurf, was ihre eigenste Schuld ist. Die christliche Gemeinschaft ist kein geistliches Sanatorium. Wer auf der Flucht vor sich selbst bei der Gemeinschaft einkehrt, der missbraucht sie zum Geschwätz und zur Zerstreuung, und mag dieses Geschwätz und diese Zerstreuung noch so geistlich aussehen. In Wahrheit sucht er gar nicht die Gemeinschaft, sondern den Rausch, der Vereinsamung für kurze Zeit vergessen lässt und gerade dadurch die tödliche Vereinsamung des Menschen schafft.»[58]

Das sind harte Worte. Bonhoeffer sagt aber auch, dass umgekehrt der Satz gilt: «Wer nicht in der Gemeinschaft steht, der hüte sich vor dem Alleinsein.»[59] Eine gesunde Balance zwischen Gemeinschaft und Alleinsein ist unverzichtbar. Wer in Ruhe denken und sich auf Jesus konzentrieren will, um ihn anzubeten, muss abseits von Dingen, Sachzwängen und auch von Menschen stehen.

Wer das nicht einübt, wird in unserer Nonstop-Gesellschaft vor lauter Lärm, Hetze, Medien und Menschenmassen die Stimme seines Hirten kaum noch hören. Jesus sagt aber: «Meine Schafe hören meine Stimme» (Johannes 10,27[b+c]). Es gilt nicht nur, die bösen und zerstörerischen Stimmen auszusortieren, sondern auch die guten und besonders die ablenkenden Stimmen abzuschalten. Nur dann können wir zur Stille vor Gott kommen und ihn anbeten.

Vielleicht ist es für uns an der Zeit, öfter mal das Stück «4'33» zu spielen ...

Kapitel 8

Anbetung und Schönheit

Kapitel 8 · Anbetung und Schönheit

David sagte einmal: «Ich preise dich darüber, dass ich auf eine erstaunliche, ausgezeichnete Weise gemacht bin. Wunderbar sind deine Werke, und meine Seele erkennt es sehr wohl» (Psalm 139,14[b]).

Und Salomo stellte fest: «Alles hat er schön gemacht zu seiner Zeit; auch hat er die Ewigkeit in ihr Herz gelegt; nur dass der Mensch das Werk nicht ergründet, das Gott getan hat, vom Anfang bis zum Ende» (Prediger 3,11[b]).

In Psalm 139 betet David Gott an, weil er darüber staunt, dass er wunderbar und einzigartig geschaffen ist. David preist Gott, nicht nur weil er selbst ein erstaunliches Wunderwerk ist, sondern weil alles, was Gott geschaffen hat, wunderschön ist. Es gibt eine tiefe Verbindung zwischen der Faszination der Schönheit und dem Wunsch, dafür jemanden anbeten zu wollen; nämlich denjenigen, der diese Perfektion und diese Pracht ins Leben gerufen hat.

Schönheit hat viele Facetten

Weil der Schöpfer unserem Kosmos eine Aura des Schönen gegeben hat, lebt in uns eine tiefe Sehnsucht nach Schönheit. «Gott hat alles schön gemacht», sagt das Wort Gottes. Wenn wir unsere Welt anschauen, dann können wir etwas von dieser atemberaubenden Schönheit sehen. Es tut unserem Gemüt ungemein gut, etwas Schönes anzusehen. David reflektiert dies in Psalm 19,1–7 in grandiosen Bildern.

Aber Schönheit umfasst mehr als visuelle Eindrücke, die auf uns wirken. Der Eindruck von Schönheit kommt nicht nur über unsere Augen. Schönheit ist viel umfassender, viel tiefer. «Wunderschön sind deine Werke, das erkennt meine Seele», hat David gesagt. Wir können diese Schönheit der Welt im Glück einer Begegnung, in der Stille oder im Morgenkonzert der Vogelstimmen erfahren. «Das ganze Leben ist eine große Einladung, das Herz und Denken weit zu machen für die Schönheit der Welt.»[60] Diese schöne Welt ist Gottes Welt.

Es kommt auf den Blickwinkel an

Da treffen sich zwei alte Freundinnen nach vielen Jahren wieder. Begeistert erzählt die eine der anderen von dem attraktiven Mann, den sie geheiratet hat. Sie zieht ein Bild aus der Handtasche und zeigt es ihrer Freundin. Nach einigem Zögern sagt sie: «Ich will dich nicht beleidigen. Aber ehrlich gesagt: So schön finde ich ihn nun wirklich nicht.» Darauf kontert die andere: «Für mich ist er wunderschön. Soll ich dir mal meine Augen leihen?»

«Alles, was man mit Liebe betrachtet, ist schön», hat der deutsche Dichter Christian Morgenstern (1871–1914) mal gesagt. Und der schottische Philosoph David Hume (1711–1776) stellte vor mehr als zweihundert Jahren fest: «Schönheit ist keine Eigenschaft, die den Dingen an sich zukommt; sie entsteht allein im Geiste dessen, der die Dinge betrachtet.» Und das ist so. Denken wir nur an die Schönheiten auf dem Laufsteg und auf der Leinwand, an das Schöne einer Begegnung oder einer Unterhaltung, an die farbige Schönheit einer Blüte, an die weite Schönheit eines Strandes und des Meeres und an die strahlende Schönheit eines Sonnenaufgangs. Das ist Schönheit, die den einen inspiriert und fasziniert, Schönheit, in der man alles um sich herum vergisst. Schönheit aber auch, die der andere möglicherweise gar nicht wahrnimmt.

Überall, wo Schönheit ist, können wir etwas von der Liebe des Schöpfers zu dieser Welt spüren. Wer Schönheit liebt, der findet ein immenses Potenzial, Gott, den Designer und Erhalter, darin zu entdecken. Auch wenn irdische Schönheit verfällt, so ist sie doch ein letztes Reservat, in dem wir jetzt, im Augenblick, ein Stück Paradies erblicken können.

«Die alten Griechen haben ein hohes Lied auf maßvolle Formen … und Empfindungen angestimmt. Und sicher gilt: Schönheit hängt mit den rechten Proportionen, mit passenden Beziehungen von Farben, Formen und Oberflächen zusammen.»[61] Schönheit hat aber auch etwas mit echter Einfühlsamkeit und Begegnung zu tun. Wenn ich mich auf jemanden einlasse, ihn wahrnehme im Gespräch mit seiner Gestik und Mimik, wenn ich seine Stimme, seine ihm eigene Sprachmelodie höre, entdecke ich seine schönen Seiten, seine Würde, seine Einmaligkeit. Dann verfließen Langeweile und Tristesse aus meinem Blickwinkel.

Schönheit in jeder Lebensphase

Es gibt Schönheit des Universums, der Natur, des Menschen. Bei dem Jugendwahn in unserer Gesellschaft vergessen viele, dass es auch eine Schönheit des Alters gibt, genauso wie eine Schönheit der Jugend. Vor kurzem unterhielt ich mich mit einer älteren Dame, sie strahlte etwas von der Schönheit des Alters aus. Es gibt eine Schönheit der Musik, eines Gemäldes, eines Augenblicks ebenso wie die Schönheit der Erinnerung. Es gibt eine Schönheit des Empfangens und eine des Freigebens. Eine Schönheit der Lust und eine der Ruhe. Es gibt eine Schönheit der Geschwindigkeit und des Schnellen und eine Schönheit der Langsamkeit, der Gemächlichkeit und des Verweilens. Gott hat uns damit beschenkt, Schönheit empfinden zu können. Wenn wir das entdecken, wollen wir ihn loben und anbeten.

«Der schlimmste Augenblick kommt für den Atheisten, wenn er wirklich dankbar ist und niemanden hat, dem er danken kann», schrieb Gilbert Keith Chesterton einmal. Möglicherweise ist Schönheit nichts anderes als eine Chiffre für Dinge und Begegnungen, die wir als wohltuend, befreiend und heilsam erfahren. Und unsere Vorstellungen von Schönheit sind sehr kultur- und zeitbedingt. Wir sind sozusagen alle auf bestimmte Bilder und Ideale konditioniert. In Punjab, einem indischen Bundesstaat, begrüßen sich die Bewohner anerkennend (!) mit: «Du siehst heute frisch und fett aus!»

Schönheit will entdeckt werden

Es wäre gut, wenn wir als Christen mehr über Schönheit als Teil unseres Glaubens und unserer Wirklichkeit nachdächten. Denn das Schöne ist bestimmt nicht nur in der Kunst zu Hause. Sondern das Schöne ist auch und gerade dort, wo ich in der Alltäglichkeit wache Sinne für meine Lebenswirklichkeit habe. Schönheit ist eine Sache der Empfindung und Empfänglichkeit. Wer ohne Antenne für Schönheit ist, kann weder in einem Gewitterregen noch in einer herrlichen Bergwelt die Aura des Schönen spüren. Wer verschlossen ist und nichts an sich heran- oder in sich hineinlässt, wer stumpf ist, der wird kaum Schönheit empfinden.

Salomo hat gesagt: «Gott hat alles schön gemacht zu seiner Zeit.» Das gilt es zu entdecken. Sich mit einem wachen Geist an dieser Schönheit zu erfreuen und zu sättigen. Es so zu machen, wie Paul Gerhardt es einmal gedichtet hat: «Geh aus, mein Herz, und suche Freud in dieser lieben Sommerzeit an deines Gottes Gaben; schau an der schönen Gärten Zier und siehe, wie sie mir und dir sich ausgeschmücket haben.» Dieses Lied ist eine Einladung, sich an der Schönheit der Natur zu erfreuen.

Manchmal müssen wir auch Reize suchen, die uns positiv stimulieren. Und in der Tat, es gibt noch viel Schönes zu entdecken! So gesehen hat Schönheit durchaus eine therapeutische Funktion.

Schönheit und Zeitgeist

Der Traum von Schönheit ist für viele in unserer Gesellschaft zum Traum vom Idealkörper geworden. Nirgendwo auf dieser Erde ist man so unzufrieden mit seinem Körper wie in der westlichen Welt. Die Massenemigration in den Wunschkörper hat wohl erst angefangen, und ihr Ende ist noch lange nicht in Sicht. Kaum einer scheint noch ohne Komplexe zu sein, weil wir von den Medien ständig mit perfekten Körpern bombardiert werden.

Kapitel 8 · Anbetung und Schönheit

Wir sind Opfer der Körperfalle geworden, sagen Psychologen. Schönheitskult und Schlankheitsterror haben uns im Griff. Es heißt: Wer in unserer Gesellschaft eine gute Figur machen will, muss auch eine haben. Inzwischen gilt eine Übereinstimmung mit dem geltenden Körperideal als eine Art von kulturellem Kapital, das für den Einzelnen eine Quelle von Prestige und ein Zugang zu Aufstiegschancen sein kann. Folglich boomt der Markt um die machbare Schönheit.

Immer mehr Zeitgenossen gehen unters Messer. Die Zahl der kosmetischen Operationen in unserem Land liegt irgendwo zwischen 400 000 und einer Million pro Jahr. So wird dem Wohlstandsspeck, den Falten und Muttermalen zu Leibe gerückt. Drei Viertel aller Deutschen bis 35 Jahre befürworten eine Operation, die nur dazu ausgeführt wird, um attraktiver auszusehen. Und die Patienten werden immer jünger: Knapp die Hälfte der Frauen, die einen neuen Busen wollen, ist erst zwischen siebzehn und fünfundzwanzig Jahre alt. Ein Schönheitschirurg behauptet: Wir betreiben Psychotherapie mit dem Messer. Das Körperideal wird zum moralischen Ideal. Schlankheit wird zum Synonym für viele positive Attribute wie Leistungsfähigkeit, Selbstkontrolle und Erfolg.[62]

Dabei beginnt das Wettrennen um immerwährende Schönheit und straffe Körper meist recht harmlos: Da wird gecremt und geschmiert, um noch glatter und straffer zu sein. Allein für Duft- und Körperpflegemittel geben wir jährlich 8,7 Milliarden Euro aus. Dazu wird gehungert, geschwitzt und gewalkt: Nordic Walking heißt die neue Fitnesswelle. Bereits mehr als zwei Millionen Deutsche üben diesen Sport aus. Ihr auffälligstes Merkmal: die Stöcke. Sie sind ein Bombengeschäft!

Und, alles andere als harmlos, da wird gekotzt: Um den idealen Körper zu erhalten oder endlich zu bekommen, stecken sich viele, auch immer mehr Männer, nach ausgiebigem Mahl (oder was sie dafür halten) mal eben den Finger in den Hals. Insgesamt haben Ess-Störungen wie Bulimie und Magersucht kontinuierlich und in erschreckendem Maß zugenommen.[63] Praktisch jedes zweite Model und ca. 700 000 Deutsche (davon 90% Frauen) leiden heute an Magersucht oder Bulimie. Schönheitswahn und Kaloriendiktate nehmen krankhafte Züge an.

Körper, Fitness, Jugendlichkeit und Schönheit, das sind Themen, denen wir uns als Christen gar nicht mehr entziehen können. Tipps zum Thema: «Wie bleibe ich möglichst lange attraktiv?», sind auch für Christen relevant. Doch wie können wir als Christen ganzheitlich und angemessen auf Körperkult, Jugend- und Schlankheitswahn reagieren? Nicht ganz zu Unrecht hat man uns Christen oftmals rigorose Leibfeindlichkeit vorgeworfen. Und zu Recht klagte der Theologe Karl Heim (1874–1958) einmal: «Wir sind schlechte Haushalter gewesen im Blick auf die Leiblichkeit. Wir haben der Kreatur in ihrer Lebendigkeit nicht aufgeholfen.»

Schönheit und Körper

«Ich preise dich darüber, dass ich auf ausgezeichnete Weise gemacht bin», formulierte David in Psalm 139. Dabei hatte er noch den *ganzen* Menschen im Blick, denn diese Unterscheidung zwischen Leib, Seele und Geist ist dem alttestamentlichen Denken fremd. Es ist kein Zufall, dass das AT das erste literarische Werk ist, das die Schönheit der Natur feiert, denn seine Verfasser erkannten in ihr Gottes Hand. «Doch von der Begeisterung des AT für den menschlichen Körper und dessen Schönheit blieb in der frühen Kirche unter dem Einfluss des Griechentums nicht mehr viel übrig»[64], schrieb die Journalistin Sabine Müller im Magazin «Neues Leben».

Paulus verurteilte zwar eine strapazierende asketische Bemühung und Missachtung des Körpers, aber in der Kirche «verdrängte in den kommenden Jahrhunderten immer mehr die griechisch-platonische Sichtweise Gottes gute Gedanken. Lange Zeit galt der stoffliche Körper als Gefängnis der edleren göttlichen Seele und wurde nicht selten mit allen Mitteln be-

Kapitel 8 · Anbetung und Schönheit

kämpft.»[65] Dieses Gemeingut griechischer Philosophie etablierte sich in den ersten Jahrhunderten in der christlichen Verkündigung. Die überwiegend körperfeindlichen Kirchenväter konnten der sterblichen Hülle meist nicht mehr abgewinnen, als dass sie zum Verfall verdammt sei.

Dieser Sachverhalt ist heute noch im Denken vieler Christen präsent, und er hat nicht wenigen geschadet und eine Haltung gefördert nach dem Motto: «Hauptsache mein Inneres ist in Ordnung, was soll ich viel Aufwand um mein Äußeres betreiben?» Und das sieht man dann auch! Einer meiner theologischen Lehrer aus Texas, dessen liebe Frau immer stark geschminkt war, pflegte zu solchen Haltungen folgenden Standardsatz zu sagen: «Auch ein altes Scheunentor sieht mit etwas Farbe schöner aus!»

Die meisten Christen begegnen ihrer Körperlichkeit weniger ehrerbietig als zum Beispiel der Natur. Der Dortmunder Privatdozent Thomas Nißlmüller, der sich ausgiebig mit Ästhetik beschäftigt hat, beschreibt sehr eindrücklich, dass er in frommen Kreisen eine frivole Tendenz verspürt, den menschlichen Körper seiner kreatürlichen Würde zu entkleiden. Nach seiner Beobachtung werden bewusste und modische Körperbetonungen oder gar Körperinszenierungen und Körperdarstellungen als lasziv oder vorschnell als pornografisch deklariert. Doch die natürliche Schönheit und Pracht eines Körpers muss auch jenseits der Gleichung: nackt ist gleich unchristlich, bekleidet ist gleich christlich, bedacht werden dürfen.[66]

Wir tun uns da schwer, aber solche Schwarz-Weiß-Malerei lässt sich mit der Bibel nicht begründen. Und wer in einem pietistisch frommen Ambiente groß geworden ist, «muss da oft einen langen Weg gehen, bevor die asketisch-körperlosen Kulturspuren der geistlichen Erziehung ihren mörderischen Charme einbüßen»[67].

Aus christlicher Sicht ist der nackte Körper «ein Stück Ewigkeit, das Gott in ganz besonderer Weise geschaffen hat, um die Augen von Mann und Frau zu erfreuen»[68]. Wer in der

Bibel das Hohelied liest, entdeckt, dass die Schönheit des menschlichen Körpers es wert ist, betrachtet und beschrieben zu werden. «Denn eine schöne Frau oder ein schöner Mann soll ja auch unser Herz erfreuen, und diese Schönheit ist ein Hinweis darauf, dass Gott die menschliche Anatomie erschaffen hat.»[69]

Erinnern wir uns an das, was schon Paulus den Korinthern ans Herz legte: «Oder habt ihr etwa vergessen, dass euer Leib ein Tempel des Heiligen Geistes ist, der in euch wohnt und den euch Gott gegeben hat? Ihr gehört also nicht mehr euch selbst. Gott hat euch freigekauft, damit ihr ihm gehört; nun dient auch mit eurem Leib dem Ansehen Gottes in der Welt» (1. Korinther 6,19–20ᵃ). Durch die Wiedergeburt wird der Leib des Christen geadelt, er wird zur Wohnung des Heiligen Geistes. Aus diesen Gründen ist er mit Pflege, Liebe und Beachtung zu ehren. Doch wie viel Konzentration und Aufmerksamkeit für unseren Leib lässt sich daraus als angemessen ableiten? Sollen wir uns etwa ohne Widerstand dem despotischen und prosperierenden Schönheitswahn ergeben, womöglich noch unter dem Deckmäntelchen der gottgewollten Körperpflege?

Grundsätzlich widerspricht die biblische Bejahung des Leibes mitsamt seiner Sexualität sowohl einer asketischen Leibfeindlichkeit, die den Leib nur als das sündige Element des Menschen betrachtet, als auch einer freiheitsliebenden Gleichgültigkeit, die dem äußeren Lebensstil keine Bedeutung mehr beimisst. Das will heißen: Es ist schlich falsch, wenn Christen behaupten, dass nur innere Werte zählen. Denn das Erste, was wir am anderen bemerken, ist eben das Äußere. Und für Christen ist ihre Erscheinung ein Teil ihres Bekenntnisses zu Gott. Bedenke: Unsere «Oberfläche» hat eine Verbindung zu den Tiefen des Herzens. Unsere Gedanken prägen sogar unsere Mimik!

Ein Blick in die Bibel eröffnet eine mehrdimensionale Sichtweise. Weil Gott den Menschen zu seinem Bilde geschaffen hat, sind menschliche Personen nicht bloß Geistwesen,

Kapitel 8 · Anbetung und Schönheit

nein, wir spiegeln Gottesebenbildlichkeit. Und es kann angenommen werden, dass bevor Krankheit, Alter und Tod die menschlichen Gene beschädigten, die ersten beiden Menschen die Art von makellosen Körpern besaßen, zu denen wir uns instinktiv hingezogen fühlen.

Wir waren eigentlich darauf angelegt, gesund zu sein, voller Leben zu erstrahlen, frei von den Spuren des Stresses. Aber in der Realität reiben wir uns an den körperlichen Zeichen unseres Gefallenseins. In der Bibel bestätigt das Hohelied diese Sehnsucht nach Schönheit. Mit den Augen eines Geliebten beschreibt der Dichter seine Braut: ihre Haare, Zähne, Augen, Wangen, Lippen, den Hals und ihre Brüste. Selbst wenn wir uns das Hohelied bildhaft zurechtbiegen, stellt sich die Frage: Warum sollte Gott seine Braut mit solch direkten körperlichen und erotischen Ausdrücken beschreiben, wenn er sich nicht an der körperlichen Schönheit seiner Schöpfung freuen würde? Für manche Leute ist es kaum zu glauben, dass so etwas wörtlich aus der Bibel kommt. Gott hat uns dazu geschaffen, so schön wie diese Braut zu sein. Und wenn eines Tages alle Dinge zum Abschluss kommen, wird er uns zu einer Schönheit wiedererwachen lassen, auf die alle Dichtung nur ein schwacher Hinweis ist.

Das Lesen des Hoheliedes weckt in vielen eine Sehnsucht, die sie meinen abtöten zu müssen: die Sehnsucht, gesehen und als schön empfunden zu werden, ohne ausgenutzt zu werden. Diesen Wunsch brauchen wir nicht abzutöten. Ich denke, dass dies eine von Gott gegebene Sehnsucht ist, mit der alle Menschen geboren werden, ganz eng verwandt mit der Sehnsucht, geliebt zu werden. Und deshalb ist der Beauty- und Wellness-Boom Ausdruck einer Schönheitssehnsucht des Menschen. Und warum sollten wir dagegen angehen? Wenn wir gegen etwas sein sollten, dann gegen Entstellung, Hässlichkeit und Pervertierung. Der Teufel treibt Menschen dazu, sich zu entstellen.

Gott hat nichts gegen Schönheit – weist sie doch auf ihn als Schöpfer hin. Und doch weist er sie in ihre Schranken. Es gibt auch andere Werte, die zählen: «Anmut kann täuschen und Schönheit vergeht wie der Wind» – hier steht nicht: sie sind nichts wert –, «doch wenn eine Frau Gott gehorcht, verdient sie Lob!» (Sprüche 31,30[a]). Das heißt: Einem Menschen, bei dem nur das Äußere zählt, bleiben manche (inneren) Schätze verschlossen. Bei Gott sind primär die tiefen inneren Werte entscheidend. An diese Realität, die hinter der sichtbaren Wirklichkeit und hinter jeder menschlichen Fassade und Maske liegt, hat er seine Leute immer wieder erinnert.

Auch Samuel, sein Prophet, musste sich einen solch deutlichen Hinweis gefallen lassen. Gott machte ihm sehr eindrücklich klar, dass man mit dem schnellen Blick auf das Äußere zu «blendenden» Fehlentscheidungen kommen kann: «Als Isai und seine Söhne eintrafen, fiel Samuels Blick sofort auf Eliab, und er dachte: ‹Das ist bestimmt der, den der Herr als König ausgesucht hat.› Doch der Herr sagte zu ihm: ‹Lass dich von seinem Aussehen und von seiner Größe nicht beeindrucken. Er ist es nicht. Denn ich urteile nach anderen Maßstäben als die Menschen. Für die Menschen ist wichtig, was sie mit den Augen wahrnehmen können; ich dagegen schaue jedem Menschen ins Herz»› (1. Samuel 16,6–7[a]).

Hier stehen wir vor einem Dilemma: Einerseits sehen wir an dieser Stelle, wie wichtig es ist, sich in seinem Urteil frei zu machen vom Äußeren. Dazu zählen für mich neben dem Aussehen genauso die gesellschaftliche Stellung, der Titel, das Geld und der Besitz. Andererseits bekräftigt gerade diese Stelle, dass Menschen auf das Äußere sehen und es demnach eben doch nicht egal sein kann.

Schönheit kommt von innen

Ich habe schon vielfach beobachtet, dass, wenn ein Mensch zum lebendigen Glauben an Jesus kommt, nicht nur sein Herz verändert wird, sondern er sich auch äußerlich deutlich sichtbar und spürbar verändert. Manchmal verändert sich der Gesichtsausdruck eines Menschen innerhalb einer Woche,

Kapitel 8 · Anbetung und Schönheit

weil er Jesus gefunden hat. Vergebung und Erlösung entspannen und entkrampfen den ganzen Menschen. Plötzlich schaut eine Person nicht mehr so verbissen. Ihre Gesichtszüge sind entzerrt, sie wirkt gelöst. Oder ihr ganzes Erscheinungsbild wird neu, ihre Haare, ihre Kleider, ihr Make-up, weil sie erkennt, dass dies alles ein hohes Gut sein kann. Wer sich geliebt weiß und Liebe zurückgibt, der zeigt und betont seine schönen Seiten.

«Eure Schönheit soll von innen kommen! Freundlichkeit und ein ausgeglichenes Wesen sind der unvergängliche Schmuck, der in Gottes Augen Wert hat», sagt Petrus in 1. Petrus 3,4ᶜ. Das ist wohl wahr, aber unser Outfit und unsere Garderobe sollten das unbedingt bestätigen und keinesfalls widerlegen!

Uns ist bewusst, dass Stress, Krankheit, Alter und Tod dafür sorgen, dass körperliche Makellosigkeit ein Traum bleibt. Keiner kann das Älterwerden hinauszögern. Doch denen, die Gott lieben, ist versprochen, dass eines Tages unser Körper und unsere Seele die Spuren der Zerbrochenheit hinter sich lassen. Dann geht der Traum von Schönheit in Erfüllung!

Der Apostel Paulus hat diesen «Traum von Schönheit» so formuliert: «Er wird unseren schwachen, vergänglichen Körper verwandeln, sodass er genauso herrlich und unvergänglich wird wie der Körper, den er selber seit seiner Auferstehung hat. Denn er hat die Macht, alles seiner Herrschaft zu unterwerfen» (Philipper 3,21ᵉ).

Der Verfall unserer Schönheit ist nur das Vorletzte. Das Letzte ist eine Neuschöpfung von atemberaubender Schönheit, eben die «Herrlichkeit». Doch in der Zwischenzeit, in der wir in einer gefallenen Schöpfung leben, die mal ihr schönes und mal ihr hässliches Gesicht zeigt, gilt Gottes Augenmerk immer noch ganz besonders den Unscheinbaren und denen, die keine «eye-catcher» sind. Darum entging ihm nicht, «wie sehr die weniger hübsche Lea darunter litt, dass ihr Ehemann Jakob sein Herz ausschließlich der schönen Rahel zuwandte».[70] Und ihn ergriff das Mitleid: «Als aber der Herr sah, dass Lea ungeliebt war, machte er sie fruchtbar. ... Und sie sprach: Der Herr hat angesehen mein Elend; nun wird mein Mann mich lieb haben» (1. Mose 29,31.34).

Das Bemühen, auch hinter die Fassade zu blicken, ist für Nachfolger Jesu unumgänglich. An diesem Punkt sollen wir mutig gegen den Mainstream schwimmen. Wir tragen die Verantwortung, jedem Menschen jenseits von Idealmaßen und Aussehen zu Ansehen und der ihm zugedachten Würde zu verhelfen. Natürlich ist das nicht einfach, in einer Gesellschaft, in der sich alles ums Aussehen dreht. Dazu braucht es die Bereitschaft, sich intensiver auf den anderen einzulassen und nicht nur am Äußeren hängen zu bleiben. Denn nur dann können wir einem Menschen auch helfen, seine schönen Seiten zu entdecken und diese zu unterstreichen.

Jeder Mensch hat schöne Seiten, weil jedes Geschöpf auch eine Würde hat. Es ist ein große Herausforderung in einer Gesellschaft, in der vieles über die Optik definiert wird, zu einer gottgewollten Sicht seines Körper zu gelangen, in der auch das Alter seine Würde und in der auch der Tod seinen Platz hat.

Wenn der Körperkult zum Schönheitswahn wird, dann müssen wir daran erinnern, dass die Bibel das Vergötzen der Vitalität und des Körpers als letzten Wert ablehnt. Stattdessen erinnert sie den Menschen an seine Vergänglichkeit. Unsere wahre Identität finden wir letztlich nur in der Beziehung zu unserem Schöpfer.

Schönheit und Anbetung

Schönheit und Anbetung sind viel tiefer miteinander verwoben, als es auf den ersten Blick scheint. «Schönheit beglückt nicht den, der sie besitzt, sondern den, der sie lieben und anbeten kann», hat der Schriftsteller und Dichter Hermann Hesse (1877–1962) gesagt. Als Christen gehen wir bewusst noch einen Schritt weiter. Wir beten nicht die «Schönheit an sich» an, nicht das Geschaffene, sondern den, der es geschaffen hat. Wir beten den an, der diese Welt mit

Kapitel 8 · Anbetung und Schönheit

einer unglaublichen Schönheit ausgestattet hat: unseren Schöpfer und Erlöser Jesus Christus (Kolosser 1,15–20).

In dem Lied «Schönster Herr Jesu» wird das so ausgedrückt: «Alle die Schönheit Himmels und der Erden ist verfasst in dir allein. Nichts soll mir werden lieber auf Erden als du, der schönste Jesus mein.»[71] Wenn wir uns von der Schönheit dieser Erde inspirieren und faszinieren lassen und den erblicken können, der dahinter steht, dann fällt es uns auch leicht, den dreieinigen Gott anzubeten.

Ich singe gerne ein (Anbetungs-)Lied, dessen «Entsorgung» bei der Herstellung noch nicht fest eingeplant war, wie Nick Page es für viele Texte von heutigen Anbetungsliedern vermutet. Etliche Texte kommen ihm vor «wie Pappteller beim Grillfest».[72] Es ist ein Lied, das beide Seiten zusammenbringt: Schönheit und Anbetung. Offensichtlich gehört es in die Kategorie «Porzellanteller», denn wir singen es nach über achtzig Jahren immer noch.

Du großer Gott, wenn ich die Welt betrachte,
die du geschaffen durch dein Allmachtswort,
wenn ich auf alle jene Wesen achte,
die du regierst und nährest fort und fort ...

Refrain:

... dann jauchzt mein Herz dir, großer Herrscher, zu:
Wie groß bist du! Wie groß bist du!
Dann jauchzt mein Herz dir, großer Herrscher, zu:
Wie groß bist du! Wie groß bist du![73]

Kapitel 9

Anbetung: Leben zur Ehre Gottes

Ich habe Sie mit auf eine Reise genommen. Ich hoffe, Sie werden sie in guter Erinnerung behalten. Und vor allem wünsche ich mir, dass Sie manche Eindrücke von unserer Tour nun auch ausdrücken – in Ihren Überzeugungen und Haltungen. Nun sind wir fast am Ziel. Bevor sich unsere Wege und Gedanken wieder trennen, möchte ich noch sagen: Anbetung ist eine Frage der Ehre. Denn wenn uns unsere eigene Ehre wichtiger ist als Gottes Ehre, sind wir blockiert für Lobpreis und Anbetung.

Welchen Lebensstil wir auch pflegen, er wurzelt in natürlichen Wünschen und Bedürfnissen, die mit unserem Menschsein zusammenhängen. Natürlich spielen unsere Prägungen und Ur-Erlebnisse auch eine entscheidende Rolle. Unser Körper verlangt nach Nahrung, Flüssigkeit, neuen Kicks, Bewegung, Entspannung, Genuss und Sex.

Auf einer anderen Ebene sehnen sich unser Geist und unsere Seele nach Schönheit, ob in der Natur, in der Kunst oder in der Musik. Wir sehnen uns nach Freude, Liebe und Stille, nach Sicherheit und Anerkennung, nach Sinn und Zugehörigkeit. Es bedeutet uns etwas, wenn wir spüren: Da gehöre ich dazu. Jeder von uns hegt solche Wünsche, und wie wir damit umgehen, hängt im Wesentlichen davon ab, wie wir auf die Frage antworten, wozu wir auf dieser Welt sind. Wenn wir ausschließlich dazu leben, unsere eigene Ehre und Anerkennung zu suchen und unseren Trieben freien Lauf zu lassen, dann hinterlässt unser Leben eine andere Spur, als wenn wir Gottes Ehre suchen.

Anbetung ist unsere Bestimmung

Es ist schlicht eine unverrückbare biblische Wahrheit, dass es unsere Bestimmung als Christen ist, zur Ehre Gottes zu leben! Es ist eine Wahrheit, die wir hochhalten müssen und für die wir werbend einladen sollen, weil sie erfülltes Leben ermöglicht. Gott anzubeten ist eine Lebensbestimmung und ein Lebensziel. Dieses Lebensziel können wir mit allem, was wir sind und haben, verfolgen.

Der Prophet Jesaja sagt: «Denn sie alle gehören zu dem Volk, das meinen Namen trägt. Ich habe sie zu meiner Ehre geschaffen, ja, ich habe sie gemacht» (43,7ª). Eben weil wir zu Gottes Ehre erschaffen wurden, sollen wir auch zu seiner Ehre leben. Paulus hat das im ersten Kapitel des Epheserbriefes so zusammengefasst: «Denn in ihm [in Christus] hat er uns erwählt, ehe der Welt Grund gelegt war, dass wir heilig und untadelig vor ihm sein sollten; in seiner Liebe hat er uns dazu vorherbestimmt, seine Kinder zu sein durch Jesus Christus nach dem Wohlgefallen seines Willens, zum Lob seiner herrlichen Gnade, mit der er uns begnadet hat in dem Geliebten» (Vers 4–6ᶜ). Der Apostel greift hier weit in die Vergangenheit zurück. Er erklärt, dass Gott, noch bevor er die Welt erschaffen hatte, Menschen erwählt und vorherbestimmt hat, um sie zu seinen Kindern zu machen. Er spricht davon, dass Gottes Liebe sich so äußert, dass er einzelne Menschen zur Gotteskindschaft erwählt.

In Vers 6 sagt Paulus schließlich, warum und mit welchem Ziel Gott diese Erwählung vor Grundlegung der Welt durchgeführt hat: «Zum Lob seiner herrlichen Gnade!» Es wird deutlich: Das Ziel der Erwählung ist das Lob und die Anbetung Gottes.

Im Philipperbrief findet sich ein ähnlicher Gedanke. In Philipper 2,6–9 wird der Weg des Sohnes Gottes beschrieben, und dann gleich anschließend in den Versen 10–11 führt Paulus uns vor Augen, was das eigentliche Ziel des Weges war, den Jesus für uns ging: «… dass in dem Namen Jesu sich beugen sollen aller derer Knie, die im Himmel und auf Erden und unter der Erde sind, und alle Zungen bekennen sollen, dass Jesus Christus der Herr ist, zur Ehre Gottes, des Vaters.»ᶜ

Hier werden Menschen beschrieben, die vor Gott auf die Knie gehen und ihn anbeten als den Herrn aller Herren. Und damit ist klar: Das Ende aller Wege Gottes mit den Menschen, unsere letztgültige Bestimmung, ist die Anbetung des lebendigen Gottes. Unser Leben als Kinder Gottes zielt im Letzten auf eins: dass wir Gott anbeten und ihm die Ehre geben. «Wenn unsere Mitmenschen Menschen und Dinge vergöttern, dann ist es umso wichtiger, dass wir den anbeten, der allein anbetungswürdig ist: unseren Schöpfer, Vater und Erlöser, und zwar nicht nur in sogenannten ‹Worship-Zeiten›, sondern als Lebensstil.»[74]

Anbetung ist ein ganzheitlicher Lebensstil

«Gottes Ehre ist der lebendige Mensch», sagte Irenäus, ein Theologe aus dem zweiten Jahrhundert. Nun lebt man nicht zur Ehre Gottes, indem man irgendwelche Spezialübungen für Superfromme macht. Für Christen geht es schlicht darum, alles, was wir tun, zur Ehre Gottes zu tun. Paulus sagt das so klar: «Und alles, was ihr tut mit Worten oder mit Werken, das tut alles im Namen des Herrn Jesus und dankt Gott, dem Vater, durch ihn» (Kolosser 3,17c). Auch so etwas Alltägliches wie Essen und Trinken können wir zur Ehre Gottes tun. Darum schreibt der Apostel explizit: «Ob ihr nun esst oder trinkt oder was ihr auch tut, das tut alles zu Gottes Ehre» (1. Korinther 10,31c).

Wir können Gott also folglich mit ganz gewöhnlichen Dingen ehren! Wir müssen uns, um Gott zu ehren, kein Paket aus «geistlichen» Aktivitäten aufladen. Die Puritaner sagten: «Ob wir nun den Haushalt machen oder Predigten vorbereiten, ob wir Hufe beschlagen oder die Bibel in die Sprache eines Indianerstammes übersetzen – alle diese Aktivitäten können ein Opfer zur Ehre Gottes sein.»[75] So gesehen wird Anbetung zu einem Abenteuer des Lebens.

Auch der Reformator Martin Luther machte sich für diese Sicht stark. Er drängte die einfachen Leute – Bauern, Melkerinnen, Metzger und Schuster –, ihre Arbeit so zu verrichten, als ob Gott selbst ihnen zuschaute. Und wer so arbeitet, macht es zur Ehre Gottes. Unsere Alltäglichkeiten haben mit Gottes Ehre zu tun!

Ehre, wem Ehre gebührt

Jeder von uns muss sich täglich entscheiden: Will ich meine eigene Ehre vermehren und mein Image aufpolieren, oder will ich Gottes Ehre suchen? In Psalm 115,1 steht: «Nicht uns, Herr, nicht uns, sondern deinem Namen gib Ehre um deiner Gnade und Treue willen!»c Wem geben *wir* die Ehre? Uns selbst – oder Gott? Wessen Ehre suchen wir? Unsere eigene oder Gottes Ehre? Ehren heißt: «Wert geben, die besondere Stellung anerkennen.» Es ist nicht so, dass wir niemandem und nichts anderem Ehre geben dürften als Gott. Aber Gott gebührt zuerst und überhaupt die Ehre.

Schon in den Zehn Geboten werden wir aufgefordert, Vater und Mutter zu ehren (2. Mose 20,12). Paulus sagt zum Beispiel (1. Timotheus 5,17), wir sollen die Ältesten, die ihren Dienst verantwortungsvoll ausüben, doppelter Ehre würdig achten. Wir sollen die Witwen ehren und unterstützen (1. Timotheus 5,3). Oder Petrus sagt (1. Petrus 3,7), wir Männer sollen unsere Frauen ehren. Und der Verfasser des Hebräerbriefes (13,4) mahnt uns, die Ehe in Ehren zu halten. Paulus bringt das in Römer 13,7 auf die Formel: «Ehre, dem die Ehre gebührt.»c Und Petrus sagt (1. Petrus 2,17): «Erweist allen Menschen Ehre.»d

Wenn wir als Christen unsere Frauen ehren, ehren wir damit Gott. Wenn wir unsere Eltern ehren, ehren wir damit Gott. Wenn wir unsere Ältesten ehren, ehren wir damit Gott. Wenn wir das, was wir essen und trinken, dankbar aus Gottes Hand nehmen, ehren wir damit Gott. Wenn wir über Gottes Schöpfung staunen und uns dieses Staunen dahin führt, dass wir Gott anbeten, dann ehren wir damit Gott.

Damit ist klar, wem wir Ehre geben. Und wir können einzelnen Menschen auch ganz befreit die Ehre geben, die ihnen zusteht, wenn wir wissen: Ich ehre damit letztlich meinen Gott.

Von wem nehmen wir Ehre?

Nun kommt die andere Seite. Als menschliche Wesen ehren wir nicht nur andere, sondern wir wollen auch geehrt werden. Und damit stellt sich die Frage: Von wem nehmen wir Ehre? Wir Menschen können geradezu süchtig sein nach Ehre und Anerkennung. Und wir entwickeln, wenn es sein muss, auch außergewöhnliche Fähigkeiten und bringen immense Anstrengungen zustande, um ein klein wenig Ehre abzusahnen und Anerkennung zu bekommen. Von wem sollten wir versuchen, Ehre zu bekommen und geehrt zu werden?

Jesus sagte den frommen Juden damals in Johannes 5,41: «Ich nehme nicht Ehre von Menschen».[h] Von wem ich Ehre nehme, von dem mache ich mich abhängig. Deshalb war Jesus nicht darauf aus, von Menschen geehrt zu werden, sondern von seinem Vater. Jesus sagt: «Wie könnt ihr zum Glauben kommen, wenn ihr eure Ehre voneinander empfangt, nicht aber die Ehre sucht, die von dem einen Gott kommt?» (Johannes 5,44[e]).

Wer seine Ehre bei Menschen sucht, hängt sein Fähnchen in den Wind, der wird zum Wendehals, der redet den anderen nach dem Mund, der verbiegt sich und bleibt ein Spielball. Jesus sagte in seiner Auseinandersetzung mit den Juden auf dem Laubhüttenfest: «Wer aus sich selbst redet, sucht seine eigene Ehre» (Johannes 7,18[b]). Als man Jesus schließlich vorwarf: «Sagen wir nicht recht, dass du ein Samariter bist und einen Dämon hast?» Da antwortete Jesus: «Ich habe keinen Dämon, sondern ich ehre meinen Vater, und ihr verunehrt mich. Ich aber suche nicht meine Ehre» (Johannes 8,48–50[b]).

Als Nachfolger von Jesus können wir nicht zuerst Ehre von Menschen suchen. Wenn wir darauf aus sind, möglichst von Menschen geehrt und mit Beifall bedacht zu werden, dann werden wir Jesus nicht lange folgen können. Denn das beißt sich. Als Christ wird einem die Anerkennung von manchen versagt bleiben. Wenn wir uns, um jeden Preis, nach menschlicher Anerkennung ausstrecken, dann nehmen wir Gott die

Ehre. Wer verbissen Anerkennung und Ehre bei Menschen sucht, folgt Jesus nicht kompromisslos nach.

Johannes berichtet: «Und doch gab es unter den führenden Männern des Volkes viele, die an Jesus glaubten. Aber aus Angst vor den Pharisäern bekannten sie sich nicht öffentlich zu ihm. Denn sie wollten nicht aus der Gemeinschaft des jüdischen Volkes ausgeschlossen werden» (Johannes 12,42[a]). Und dann steht da die Begründung: «Denn sie liebten die Ehre bei den Menschen mehr als die Ehre bei Gott» (Vers 43[b]).

Das gilt heute für bestimmte Charaktertypen noch genauso. Da gibt es Menschen, die glauben an Jesus. Sie wissen, dass er die Wahrheit ist und sagt. Und trotzdem – aus Angst vor Nachteilen oder aus Scheu vor Ablehnung oder wegen fehlender Anerkennung – outet man sich nicht so richtig als Christ oder stellt sich nicht wirklich zur Gemeinde und wird kein Mitglied. Zu guter Letzt ist einem dann eben doch die Ehre von Menschen mehr wert als die Ehre bei Gott.

Martin Luther hat einmal gesagt: «Ein Christ ist nicht dazu geboren, dass er seine Ehre suche, nicht einmal ein Prophet oder ein Prediger. Das ist das schlimmste Gift an den Predigern, wenn sie in diesen Dingen Ehre suchen. Kein Gift ist so wirksam und tödlich, als wenn die Prediger durch das Evangelium Ehre, Reichtum und Würden suchen.»

Ehre und Anerkennung sind ein Kampffeld

Es gab auch Phasen in meinem Leben, wo mir menschliche Anerkennung zu viel wert war. Und sicherlich gibt es heute noch Bereiche, wo ich zu schnell Ehre von Menschen nehme. Auf welche Ehre sind wir aus? Auf menschliche Ehre und Anerkennung? Es bleibt ein Kampf, sich frei zu machen vom Streben nach menschlicher Anerkennung. Und doch ist es ein Grundsatzentschluss, den jeder zu treffen hat: Ich will mich nicht von menschlicher Ehre und Anerkennung abhängig machen und darauf aus sein. Machen wir uns immer bewusst: Diejenigen, die beim Einzug von Jesus in Jerusalem «Hosi-

Kapitel 9 · Anbetung: Leben zur Ehre Gottes

anna» schrien, schrien kurze Zeit später: «Kreuzige ihn!» Wer auf menschliche Ehre und Anerkennung setzt, wird enttäuscht. Wer sich hoch heben lässt, kann auch tief fallen.

David betet in Psalm 62,8: «Bei Gott ist mein Heil und meine Ehre.»[c] Es kostet uns etwas, so zu beten. Viele sagen gerne: «bei Gott ist mein Heil», und suchen trotzdem ihre Ehre und Anerkennung zuerst in der Welt und bei Menschen. Das mag eine Weile gutgehen, aber dem Reich Gottes ist zum Schluss damit nicht gedient.

Auch Paulus hatte für seine Missionsarbeit eine ganz saubere und transparente Strategie gehabt. Er hat gesagt: «So reden wir, nicht um Menschen zu gefallen, sondern Gott, der unsere Herzen prüft. Denn weder sind wir jemals mit schmeichelnder Rede aufgetreten, wie ihr wisst, noch mit einem Vorwand für Habsucht – Gott ist Zeuge –, noch suchten wir Ehre von Menschen, weder von euch noch von anderen» (1. Thessalonicher 2,4–6[b]).

Mich beeindruckt die klare Linie von Paulus. Da gibt es weder ein Taktieren noch eine falsche Rücksichtnahme auf Menschen. Er wusste um die Gefahr, in der wir stehen. Auch wenn wir sagen, dass wir Gott mit unserem Leben ehren wollen, machen wir oft genau das Gegenteil, weil wir auf Ehre und Anerkennung von Menschen aus sind. Manche Anbetungszeit kann zu einer großspurigen Lüge werden, weil wir Gott mit starken Worten inbrünstig unsere Anerkennung ausdrücken, uns gleichzeitig aber nach der Worship-Zeit vor allem nach menschlicher Anerkennung ausstrecken.

Rivalität und Konkurrenz sind in unserem Leben starke Mächte, ob in der Schule, an der Universität, im Berufsleben oder im Kampf um Schönheit, Geld, Anerkennung, gute Noten und wichtige Abschlüsse. Es ist oft eine Gratwanderung, wirklich innerlich klar zu kriegen (und es auch für sich klar zu halten), für welche Ehre wir unser Bestes geben wollen.

Der Gründer der ersten deutschen Baptistengemeinde, Johann Gerhard Oncken, hatte auf seinem Siegel folgendes Motto stehen: «Pro Gloria Dei et bono Publico». Zur Ehre

Gottes und zum Wohl des Volkes. Dieses Motto hat er selbst der Arbeit gegeben, in die Gott ihn gerufen hatte. Es war das Motto, das über seinem Leben stand: Zur Ehre Gottes und zum Wohl des Volkes.[76] Interessant sind die beiden Pole seines Mottos. Wo Gott geehrt wird, da geht es auch den Menschen gut. Wo es um Gottes Ehre geht, da bekommt auch der Mensch die Ehre und die Würde, die ihm zusteht.

Gott ist ein Gott, der seine Ehre keinem anderen gibt. Und doch hat er uns ermächtigt, so zu leben, als gebe es ihn nicht; so absolut ist Gottes Beharren auf unserer menschlichen Freiheit. Gott lässt uns in dieser Freiheit, weil das, was er von uns haben möchte, nicht ein erzwungener Gehorsam ist. Er weiß, dass seine Liebe in uns Liebe hervorbringen kann. Und Liebe ist das Einzige, was Gott von uns möchte und wofür er uns geschaffen hat. Denn wenn wir ihn lieben, ehren wir ihn.

Jesus hatte zehn aussätzige Männer geheilt, und nur einer kam zurück, um sich zu bedanken – und das war ausgerechnet ein Samariter. Da fragte Jesus: «Haben sich sonst keine gefunden, die zurückkehrten, um Gott Ehre zu geben?» (Lukas 17,18[b]). Diese Geschichte zeigt uns: Selbst beschenkte und geheilte Menschen haben zuweilen Probleme damit, Gott die Ehre zu geben, die ihm zusteht. Und mir sagt diese Geschichte: Bei allem, was ich erfahren darf und erlebe, bin ich aufgefordert, mit meinem Dank zu Jesus zu gehen und ihm die Ehre zu bringen!

Ich denke, meine Ausführungen haben zur Genüge unterstrichen, dass «Gott die Ehre geben» viel mehr meint, als schöne Anbetungslieder zu singen und fromme Reden zu schwingen. Als Jesus einmal von den Pharisäern zur Rede gestellt wurde, weil seine Jünger sich offensichtlich nicht genau nach jüdischer Vorschrift die Hände gewaschen hatten, bevor sie ihr Brot aßen, gab Jesus ihnen ein Zitat aus dem Propheten Jesaja zur Antwort: «Dieses Volk ehrt mich mit den Lippen, aber ihr Herz ist weit entfernt von mir» (Matthäus 15,8[b]). «So sieht es aus mit der Ehre, die ich von euch bekomme», sagt Jesus damit. «Nichts als schöne Worte!»

Kapitel 9 · Anbetung: Leben zur Ehre Gottes

Gott die Ehre geben ist im Letzten eine Einstellung meines Herzens – und ein Lebensstil. Ich kann zum Gottesdienst kommen und mit dem Herzen weit weg sein von Gott und seinem Volk. Dann trifft das zu, was Jesus hier sagt. Wir ehren ihn mit den Lippen, wir beten und singen mit, aber unser Herz ist weit weg von Gott.

Wenn es um die Ehre Gottes und um die Anbetung geht, dann geht es um unser ganzes Leben. Mit den Lippen *und* dem Herzen müssen wir dabei sein. Ich weiß, dass mir das bei weitem nicht immer gelingt, aber ich bin entschlossen, zur Ehre Gottes zu leben. Und was ist (wenn ich so direkt fragen darf) mit Ihnen?

Johann Sebastian Bach schrieb bei den meisten Kompositionen vor dem Titel und der ersten Note «J. J.», also: Jesu Juva – Jesus hilf! Und er beschließt fast alle seine Werke mit der berühmten Abkürzung S. D. G., also: Soli Deo Gloria – Allein Gott die Ehre! Was kennzeichnet den Anfang und das Ende *unserer* Arbeit, *unseres* Tages, *unseres* Lebens? Welchen Hinweis werden andere entdecken? Vielleicht wäre das ein guter Fingerzeig: «Jesus hilf, hilf uns, allein zu deiner Ehre und zur Ehre des Vaters zu leben. Dich zu ehren mit allem, was ich habe und bin.» Das ist der Herzschlag der Anbetung.

Ich glaube, wenn wir so leben, dann tun wir, was Jesus der Frau am Jakobsbrunnen sagte: «Gott ist Geist, und die ihn anbeten, die müssen ihn im Geist und in der Wahrheit anbeten» (Johannes 4,24c). Jesus erklärte dieser Frau in der größten Mittagshitze, dass eine Zeit kommen wird, in der wir Gott überall anbeten, wo sein Geist und seine Wahrheit wirken. Diese Zeit ist heute. Darum dürfen wir jetzt Gott lieben, ihn loben und ihn feiern!

Anmerkungen

1. «Gott existiert mit großer Wahrscheinlichkeit nicht.» Interview mit Richard Dawkins, Seite 40. In: «Stern», Nr. 40/2007, Seite 38–40.
2. Aus: «ideaSpektrum».
3. Arne Kopfermann, «Worship auf dem Weg in die Postmoderne». In: «Arne Kopfermann – Postmoderne.ppt», Seite 4. Auf: http://www.worshipacademy.de/public/tll2008/
4. Clemens Bittlinger, «Und wenn ein Lied meine Lippen verlässt ...», Seite 12. In: «Psychotherapie & Seelsorge», 3/2005, Seite 12–14.
5. Klaus Douglass, *Gottes Liebe feiern. Aufbruch zum neuen Gottesdienst*, Emmelsbull 1998, Seite 131.
6. Gerhard Tersteegen, *Gott ist gegenwärtig*, 1729, Strophe 6.
7. Heißt wörtlich: «küssen in die Richtung von».
8. Vgl. dazu auch: Dan Kimball, *Emerging Church – Die postmoderne Kirche. Spiritualität und Gemeinde für neue Generationen*, Asslar 2006², Seite 108.
9. Tersteegen, *Gott ist gegenwärtig*, Strophe 1.
10. Vgl. hierzu: Herbert H. Klement, *Trompeten und Musik im alttestamentlichen Gottesdienst*, «Theologische Beilage zur STH-Postille», Nr. 1/2007, Seite 1–7.
11. David zählte 38 000 Leviten, die 30 Jahre oder älter waren. Davon ernannte er 24 000 zu Tempeldienern, 4000 zu Torwächtern und 4000 zu Sängern und Musikern. Vgl. dazu: Eugen H. Merrill, *Die Geschichte Israels. Ein Königreich von Priestern*, Holzgerlingen 2001, Seite 431.
12. Friedrich Hänssler, «Musik ist Gottesdienst. Zum 300. Geburtstag des ‹Botschafters› Johann Sebastian Bach». In: «ideaSpektrum», 11/1985, Seite 1–3.
13. Philip Yancey, *Die Bibel, die Jesus las. Entdeckungen im Alten Testament*, Wuppertal 2000, Seite 109.
14. Ebd., Seite 129. Auf den Seiten 126–129 spricht Yancey über Lobpreis in den Psalmen.
15. Wir können annehmen, dass die Christen (Heidenchristen) in Kolossä kein Psalmbuch hatten. Sie kannten die Psalmen vielleicht kaum. «Psalm» bedeutet ursprünglich einfach ein Lied, das mit Begleitung eines Zupfinstrumentes gesungen wurde. Vgl. auch: Willem J. Ouweneel, *Christus, unser Leben. Die Briefe an die Philipper und Kolosser*, Wuppertal 1984, Seite 230.

[16] Vgl. hierzu: Helge Stadelmann, *Der Epheserbrief*. In der Reihe: *Edition C – Bibelkommentare zum Neuen Testament* (hrsg. von Gerhard Maier), Bd. 14, Stuttgart 1993, Seite 224.

[17] Dafür habe ich allerdings keine zuverlässigen und konkreten Hinweise gefunden. Es sei denn, man interpretiert die angeführten Stellen in diesem Sinn.

[18] Carlos Ichter, «Gott ist vielfältig. Kolosser 3,16». In: «Die Gemeinde», 18/2003, Seite 4–5.

[19] Martin Hengel, «Hymnus und Christologie». In: «Wort in der Zeit. Neutestamentliche Studien, Festgabe für Karl Heinrich Rengstord», Seite 1–23 (hrsg. v. Wilfried Haubeck und Michael Bachmann), Leiden 1980, Seite 2.

[20] Theo Sorg, «Herz», Seite 682. In: *Theologisches Begriffslexikon zum Neuen Testament* (hrsg. von Lothar Coenen u. a.), Bd. 1, Wuppertal 1971^8, Seite 680–683.

[21] Steve Miller, «Moderne christliche Musik. Fataler Kompromiss oder Hilfe zur Erneuerung?», zitiert in: Douglass a. a. O., Seite 54.

[22] Immanuel Kant (1724–1804).

[23] Wolfgang Schrade, «Orgel/Orgelmusik». In: *Evangelisches Lexikon für Theologie und Gemeinde: ELThG* (hrsg. von Helmut Burkhardt und Uwe Swarat), Bd. 2, Wuppertal 1998^2, Seite 1487–1488.

[24] Wolfgang Schrade, «Kirchenmusik». In: *ELThG*, Bd. 2, Seite 1113–1116.

[25] Vgl. dazu: Douglass a. a. O., Seite 50f.

[26] Theo Lehmann, «Freedom After A While …». Zur Bedeutung der Negro-Spirituals, Seite 20. In: «respect», 01, «Schwarz und Weiß. Christen und Rassismus» (hrsg. von Lukas M. Baumann, Thomas Baumann, Stephan Volke), Herbst 2007, Seite 16–22.

[27] Martin Meiser, «Die psychische Wirkung der Musik. Was die Bibel davon weiß». In: «Psychotherapie & Seelsorge», 3/2005, Seite 15–17.

[28] Hartmut Kapteina, «Musik als reine Sprache der Seele. Heilung durch Musiktherapie». In: «Die Gemeinde», 4/2008, Seite 10–11.

[29] Eva Maria Jäger, «Musik in der Seelsorge. Die vielen Seiten der Seele». In: «Psychotherapie & Seelsorge», 3/2005, Seite 4–10.

[30] Eric Clapton, *Mein Leben*, Köln 2007, Seite 23.

[31] Arne Kopfermann, *Das Geheimnis von Lobpreis und Anbetung*, Asslar 2002^2, Seite 181.

[32] Kurt Dietrich Schmidt, *Grundriss der Kirchengeschichte*, Göttingen 1979^7, Seite 334.

Anmerkungen

33 Vgl. dazu: Wolfgang Schrade, «Kirchenmusik», in: *ELThG*, Bd. 2, Seite 1115.
34 Stormie Omartian, *Das Gebet, das alles verändert. Gott loben macht stark*, Wuppertal 2005, Seite 10.
35 Ebd., Seite 15.
36 Vgl. dazu: Arne Kopfermann, *Das Geheimnis von Lobpreis und Anbetung*, Asslar 2002², Seite 18–20.
37 Vgl. dazu: Philip Yancey, *Der unbekannte Jesus. Entdeckungen eines Christen*, Wuppertal 1997, Seite 287.
38 Kimball a. a. O., Seite 155.
39 Text: Cyriakus Schneegaß 1598.
40 Philip Yancey, *Warum ich heute noch glaube. Menschen, die mir halfen, die Gemeinde zu überleben*. Wuppertal 2002, Seite 359.
41 Vgl. dazu: Henri Nouwen: «Ein verwundeter Helfer», Seite 334–364. In: Yancey, *Warum ich heute noch glaube*.
42 Vgl. dazu: Philip Yancey. *Beten*, Wuppertal 2007, Seite 81. Außerdem: Yancey, *Der unbekannte Jesus*, Wuppertal 1997, Seite 289.
43 Dietrich Meyer, «Zinzendorf und Herrnhut», Seite 3–106. *Geschichte des Pietismus. Im Auftrag der Historischen Kommission zur Erforschung des Pietismus* (hrsg. von Martin Brecht, Klaus Deppermann, Ulrich Gäbler und Hartmut Lehmann), Bd. II: *Der Pietismus im 18. Jahrhundert* (hrsg. von Martin Brecht und Klaus Deppermann), Göttingen 1995, Seite 8.
44 *ELThG*, Bd. 1, Seite 640–642.
45 Christian A. Schwarz, *Anleitung für christliche Lebenskünstler*, Emmelsbüll 1996², Seite 35.
46 Zitiert in: Yancey, *Warum ich heute noch glaube*, Seite 65–66.
47 Ebd., Seite 66.
48 Ebd., Seite 67.
49 Ebd., Seite 66.
50 Schwarz a. a. O., Seite 35.
51 Vgl. dazu: Richard Foster, *Nachfolge feiern. Geistliche Übungen neu entdeckt*, Wuppertal 2000³, Seite 164ff.
52 Aus dem Lied: *Gott ist gegenwärtig*, Strophe 1, Gerhard Tersteegen, 1729.
53 Charles Haddon Spurgeon, *Die Schatzkammer Davids. Eine Auslegung zu den Psalmen*, II. Band, Psalm 42–72, Neukirchen [ohne Jahresangabe], Seite 95.
54 Dietrich Bonhoeffer, *Gemeinsames Leben*, München 1982¹⁸, Seite 68.
55 Ebd.

[56] Magnus Malm, *Gott braucht keine Helden. Mitarbeiter zwischen Rolle und Wahrhaftigkeit*, Wuppertal 1999⁴, Seite 120–121.
[57] Bonhoeffer a. a. O., Seite 64.
[58] Ebd.
[59] Ebd., Seite 65.
[60] Thomas Nißlmüller, «Schönheit und die Lust am Lebensglück. Zum Wechselspiel zwischen Ethik und Ästhetik». In: «Die Gemeinde. Zeitschrift des Bundes Evangelisch-Freikirchlicher Gemeinden», 15/2001, Seite 32–33.
[61] Ebd., Seite 32.
[62] Vgl. dazu: Peter Joraschky und Karin Pöhlmann, «Störungen des Körpererlebens», Seite 28–34. In: «Psychotherapie und Seelsorge: Körper und Psyche», 2/2007.
[63] Vgl. dazu: Sabine Schmidt, «Körperkult. Wie Schönheit unser Leben bestimmt», Seite 8. In: «Neues Leben Magazin», Juni 2000, Seite 6–11.
[64] Ebd., Seite 10.
[65] Ebd.
[66] Vgl dazu: Nißlmüller a. a. O., Seite 32–33.
[67] Ebd., Seite 33.
[68] Philip Yancey, *Sehnsucht nach der unsichtbaren Welt*, Asslar 2004, Seite 89.
[69] Stefan Jung, *Die Bergpredigt. Sehnsucht nach Leben*, Lahr 2005, Seite 133.
[70] Schmidt a. a. O., Seite 11.
[71] Text: Münster 1677.
[72] Nick Page/Andreas Malessa, *Lobpreis wie Popcorn? Warum so viele Anbetungslieder so wenig Sinn ergeben*, Witten 2008, Seite 50.
[73] Text: Carl Boberg, 1859–1940, Deutsch: Manfred von Glehn, 1867–1924.
[74] Hanspeter Nüesch, «Evangelikale Kontrastgesellschaft», Seite 126–136, In: *Der E-Faktor. Evangelikale und die Kirche der Zukunft* (hrsg. von Ulrich Eggers, Markus Spieker), Wuppertal 2005. Seite 133.
[75] Philip Yancey, *Sehnsucht nach der unsichtbaren Welt*, Asslar 2004, Seite 70.
[76] Günter Balders, *Theurer Bruder Oncken. Das Leben Johann Gerhard Onckens in Bildern und Dokumenten*, Wuppertal und Kassel 1984², Seite 168.